多文化・多民族共生時代の
世界の生涯学習

岩﨑正吾 編著

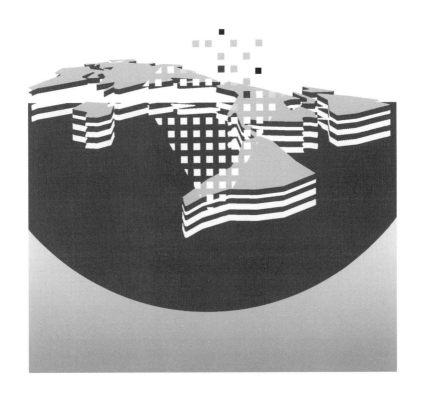

学文社

［ 執筆者 ］

岩崎　　正吾	早 稲 田 大 学（第 1・8 章）
若園雄志郎	宇 都 宮 大 学（第 2 章）
宮崎　　敦子	相模女子大学・非（第 3 章）
大谷　　　杏	福知山公立大学（第 4 章）
児玉　　奈々	滋 賀 大 学（第 5 章）
永田　　祥子	関 西 大 学（第 6 章）
田中　　達也	釧 路 公 立 大 学（第 7 章）
福田　　誠治	都 留 文 科 大 学（第 9 章）
呉　　　世蓮	早稲田大学・非（第 10 章）
張　　　　鵬	早 稲 田 大 学（第 11 章）
韓　　　冀娜	早稲田大学・院生（第 12 章）
西山　　　渓	キャンベラ大学・院生（第 13 章）
木田竜太郎	有明教育芸術短期大学（第 14 章）
上野　　昌之	首都大学東京・非（第 15 章）
井谷　　泰彦	国 士 舘 大 学・非（第 16 章）
西村　　芳彦	早稲田大学・院生（第 17 章）

（執筆順）

まえがき

　本書は，前著『生涯学習と多文化・多民族教育の研究』の続編として刊行したものである。「世界の生涯学習」ないし「各国の生涯学習」をテーマとする著作はこれまでにもなかったわけではないが，それほど多くはなく，しかも「多文化・多民族共生」という視角からアプローチしたものはほとんどないといってよい状況にある。他方で，「多文化・多民族共生」という視角から書かれた著作も同様にないわけではないが，必ずしも「世界の生涯学習」に焦点を当てたものではなかった。本書は，こうした出版状況に鑑みて，「世界の生涯学習」を「多文化・多民族共生」という視角からアプローチしようとする問題意識の下にまとめられたものである。

　前著では，「生涯にわたる学習への権利」ないし「教育への権利」は，エットーレ・ジェルピが鋭く指摘するように，マイノリティにとってこそより必要な権利となっているという点で，マイノリティの差別や排除を是正しようとする「多文化・多民族共生教育」とその立場を共有するという論理構成をしている。本書では，この視角を継承しつつも，「生涯学習」がフォール報告ないしハッチンズのいう「学習社会」の実現を前提しているとすれば，人間的になるための学習こそが「生涯学習」の究極の目的なのであり，そのための学習はマイノリティとの共生を抜きにしては成立しえないという論理構成を加えている。本書は，「世界の生涯学習」の前に「多文化・多民族共生時代の」という限定をつけているが，それは，多文化・多民族の「共生」がどの時代にも増して喫緊の課題となっているという時代認識を共有しているからである。

　多文化・多民族社会は，いつの時代にも「普通」のこととして存在してきたのだが，そうした認識が一部で共有されるようになったのは最近のことであり，多くの国々において，とりわけ，日本においてはきわめて希薄である。日本を「単一民族国家」とみなす考えは，いまだに広く行きわたり，その後継者を

「再生産」している。外務省の『外交青書』は，1986年まで日本を「単一民族国家」としており，この年には日本を単一民族国家と断言した「中曽根発言」が海外から大きな批判を浴びたが，21世紀に入ってもこの種の発言は後を絶たない。これがデマゴギーの類であり，一種の「神話」であることは，少しでも忠実に（批判的に）日本の歴史と対峙してみれば当然のことであるにもかかわらずである。

　多文化・多民族の社会や国家は，いつの時代にも社会や国家の「現実」であった。しかしながら，征服，侵略，略奪，「発見」などが行われていた時代には，弱小民族，弱小文化および弱小言語は無視され，消滅させられるか，同化ないし融合を強いられ，不利益，不平等，差別，選別，排除を受け入れることが当然視されてきた。近代におけるその典型的事例は，18～19世紀のネイション・ステイト（国民国家）成立期にヨーロッパで現れた「一民族一言語一国家」という国家観である。その行き着く先はファシズムであり，ナチズムであった。ナチスの有名なスローガンは，「一つの民族，一つの帝国，一人の総統」であり，アーリア人優位主義や排外主義が跋扈し，ホロコーストだけでなく，いわゆる「精神病者」や「障害者」に対する「断種」や「安楽死」まで強行したことは記憶に新しい。

　戦前の日本も同様であろう。たとえば，近隣諸国民への蔑視や鬼畜米英をスローガンとした多文化・多民族への偏見と排除の思想は，同じ国民としての日本人へも敷衍し，平和を愛する者は非国民であり，自由な言論や思想は封殺され，「精神病者」や「障害者」，とりわけ，ハンセン病者に対する優生政策により，収容，隔離，断種，去勢，不妊手術などが実施された。これは，「遺伝」や「劣った生」などでは決してない障がい者，ユダヤ人，シンティ・ロマ人に対して「絶滅政策」をとったナチス・ドイツとも共通している。日本で「らい予防法」（1907年）が廃止されたのは実に1996年のことであり，「北海道旧土人保護法」（1899年）の廃止は1997年のことであった。

　これらの原因は，政治家や法律家や行政家，科学者や研究者および教師や医者などをはじめとする「民主国家」を構成する市民の無知や怠慢にあったのだ

ろうか。こうした歴史的現実は，現在の私たちとは何のかかわりもない遠い昔の過去の出来事なのだろうか。私たちは，歴史から何を学ばなければ，あるいは，何を学び直さなければならないのだろうか。本書で考察するように，統合概念としての「同化」や「融合」に代わるものが「共生」である。それでは，「共生」とはどのような意味を内包しているのだろうか。本書を通じてこうした問題意識が研ぎ澄まされ，批判的・内省的思考の深まりと人間としての学びに関する研究が一層進展することを切望するものである。

　本書では，日本の国際化や多文化化と生涯学習の状況，沖縄やアイヌ民族の問題を取り上げるとともに，アメリカ，カナダ，イギリス，ドイツ，ロシア，フィンランド，韓国，中国およびオーストラリアの9カ国を取り上げ，国によって異なる特徴をもつ多文化・多民族状況における「共生」のあり方について，それぞれの著者の得意とする分野からアプローチしている。各国の生涯学習をより深く理解するためには，それぞれの国の特徴や教育制度の理解が不可欠である。したがって，本書ではそのためのページを設け，学校教育と社会教育を包括的に捉えることができるよう工夫している。このことも本書の特徴の1つである。限定された紙数のなかでできる限りわかりやすくなるように配慮したつもりであるが，読者から忌憚のない批判をいただければ幸いである。

　2017年10月

岩﨑　正吾

目　　次

まえがき　1

第1部　多文化・多民族共生時代の生涯学習を考えるために

第1章　生涯学習の展開と多文化・多民族共生への現代的課題────　6
第1節　生涯学習の展開とその根源的意味　　第2節　ユネスコにおける生涯学習論の展開　　第3節　生涯学習と多文化・多民族共生の思想　　第4節　言語権の視座からみた多文化・多民族共生への現代的課題

第2章　日本の生涯学習システムと地域の多文化化・国際化────　19
第1節　日本における生涯学習のシステム　　第2節　外国籍の児童生徒の現状と対応　　第3節　地域の多文化化・国際化への施策　　第4節　「共生」の課題

第3章　日本社会の国際化と国際理解教育────　31
第1節　日本社会の国際化とは何か　　第2節　国連専門機関ユネスコの発足と国際理解教育　　第3節　日本におけるユネスコ協同学校と国際理解教育の歴史　　第4節　国際理解教育の日本での動き　　第5節　日本に求められる国際化への課題

第2部　世界の多文化・多民族共生と生涯学習の今

第4章　アメリカにおける多文化・多民族共生と生涯学習────　44
第1節　多文化・多民族国家アメリカ合衆国の特徴　　第2節　アメリカ合衆国の学校教育制度　　第3節　カリフォルニア州の生涯学習政策　　第4節　成人学校が提供する成人教育　　第5節　カリフォルニア図書館識字サービス

第5章　カナダにおける移民・先住民の成人教育────　56
第1節　多文化・多民族先進社会カナダ　　第2節　カナダの教育制度と生涯学習の概念　　第3節　移民と先住民の成人スキル　　第4節　移民と先住民を対象とする成人教育の実態　　第5節　多文化・多民族共生時代の成人教育としての発展に向けた課題

第6章　イギリスにおける多民族・多文化共生へ向けた取り組みと生涯学習──　68
第1節　イギリスの概要　　第2節　イギリスの教育制度　　第3節　イギリスの生涯学習とスキル　　第4節　イギリスの多文化・多民族共生時代の英語教育

第7章　ドイツにおける多文化・多民族共生と生涯学習の今────　82
第1節　ドイツの概要　　第2節　ドイツの学校教育制度　　第3節　ドイツの多文化・多民族教育　　第4節　ドイツの生涯学習

第8章　ロシアにおける多文化・多民族共生と生涯学習────　94
第1節　多文化・多民族国家ロシア連邦の特徴　　第2節　ロシアの学校教育制度　　第3節　ロシアの生涯学習　　第4節　モスクワ市における補充教育機関の改革動向

第9章　フィンランドにおける生涯学習────　107
第1節　民族理解　　第2節　義務教育と継続教育との接続　　第3節　成人教育と職業教育の歴史―資格向上　　第4節　経済不況―職業教育重視　　第5節　成人教育と職業

教育の転換―職業主義的な生涯学習へ　第6節　専門学校の構成　第7節　専門職大学と大学　第8節　職業資格制度―生涯学習の見える化　第9節　今日の成人教育

第10章　韓国における多文化教育と地域社会のNPO活動での平生教育―――119
第1節　韓国社会について　第2節　韓国の教育制度について　第3節　平生教育における地域教育機関および関連団体　第4節　高麗人移住者ネットワークについて

第11章　中国における多文化・多民族共生と終身教育――――――――129
第1節　多文化・多民族の国家としての中国の概況　第2節　中国の教育制度　第3節　中国における多文化・多民族の共生　第4節　中国における終身教育の展開

第12章　中国における少数民族の高等教育―――――――――――139
第1節　中国の高等教育について　第2節　少数民族高等教育の時期区分　第3節　中央民族学院の誕生と発展　第4節　一般大学における少数民族学生への受容　第5節　少数民族学生に対する優遇政策

第13章　オーストラリアにおける多文化・多民族共生と相互理解構築のための哲学対話――――――――――――――――――――――150
第1節　今日のオーストラリアはどの程度多文化か　第2節　オーストラリアの学校教育制度と「汎用的能力」の教育　第3節　学校内の多様性と子どもたち同士のコミュニケーションの意義　第4節　「学校での哲学」と「フィロソン」　第5節　他者とともに生きることを学ぶための対話

第3部　日本の多文化・多民族共生と生涯学習の今

第14章　高等教育の多文化・多民族化と生涯学習機関化――――――163
第1節　新「学習指導要領」が描く"2030年の社会"　第2節　高等教育"多文化・多民族化"の展望　第3節　高等教育"生涯学習機関化"の展望　第4節　多文化・多民族共生時代の高等教育と生涯学習

第15章　アイヌ民族の言語・文化復興と学校教育への取り組み―――175
第1節　アイヌ民族の概要　第2節　アイヌ語の教育　第3節　アイヌ民族と学校教育　第4節　社会科副読本から考えるアイヌ歴史教育

第16章　沖縄における多文化共生教育の特質と生涯学習の課題――――187
第1節　沖縄のエスニシティと言語　第2節「琉球民族」について　第3節「方言札」について　第4節　方言札と沖縄民衆　第5節　アメラジアンとAASO

第17章　外国籍の児童を対象とした放課後子ども教室の学び――――200
第1節　放課後子ども教室の立ち位置　第2節　ブリコラージュの意味するもの　第3節　愛知県豊橋市における放課後子ども教室―母語をもたない子どもたち

索　引　212

第1部 多文化・多民族共生時代の生涯学習を考えるために

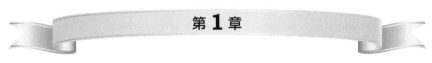

生涯学習の展開と多文化・多民族共生への現代的課題

　多文化・多民族共生時代の世界の生涯学習について論究するにあたり，本章ではまず最初に，生涯学習が現代社会においてなぜ喫緊の課題となっているのかをユネスコの展開に焦点を当てて論じる。ポール・ラングラン（1910-2003）やエットーレ・ジェルピ（1933-2002）などの所論に立ち返りつつ，生涯学習の概念とその必要性についての基本的な考え方を検証する。

　生涯学習の目的が人間的および職業的自己実現を通して，人間として生きるための学びに価値をおく学習社会の実現であるとすれば，学習社会の実現は人間が対等に生きられる多文化・多民族共生社会の実現なしには果たしえない。この観点から，次に，人間が対等に生きるための学びに要請される多文化・多民族共生の思想について考察する。最後に，これらの思想との関連において，従来等閑視されてきた「言語権」を事例にとり，その現代的課題について論じる。

▶第1節　生涯学習の展開とその根源的意味

（1）生涯学習の概念

　日本において生涯学習の概念が政策プランとして出現したのは，1981年の中央教育審議会答申「生涯教育について」である。この中教審答申では，生涯学習と生涯教育について，「学習は，各人が自発的意志に基づいて行うことを基本とするものであり，必要に応じ，自己に適した手段・方法は，これを自ら選んで，生涯を通じて行うもので……これを生涯学習と呼ぶ……。この生涯学習のために，自ら学習する意欲と能力を養い，社会の様々な教育機能を相互の関連性を考慮しつつ総合的に整備・充実しようとするのが生涯学習の考え方である」と規定されている。これに対して，「生涯教育とは，国民一人ひとりが

充実した人生を送ることをめざして生涯にわたって行う学習を助けるために，教育制度全体がその上に打ち立てられるべき基本的な理念である」とされた。

　一般に，教育とは，きわめて意図的・計画的作用のことであるとされ，学習とは，経験による比較的永続的な行動の変容のことであるとされる。教育とは，意図的・計画的に学習を支援することであり，学習を供給（サービス）サイドから捉えて，その支援体制を整備・振興することを意味する。これに対して，学習とは，主体的・自発的意志による行動を中核とし，偶発的活動をも含みつつ，教育による他律的活動と教育を求める自律的活動により経験の再構造化がはかられるより広い概念である。教育は，学習を刺激・補強しつつ，行動の変容をもたらす活動の計画者（教師，ファシリテーター，教育政策および行政施策の担当者など）に力点がおかれるが，学習は，行動の変容をもたらす自他の行為やそのプロセスに関連して変容を惹起する学習者自身に力点がおかれる。

　以上の教育と学習との相違および相互関連をふまえると，生涯学習とは，学習者が生涯にわたって知識，技能および習熟ならびに動機，態度および価値的志向などを開発していく全過程を意味する。これに対して生涯教育とは，生涯にわたる何らかの意味での学習を組織的・計画的に促進することである。したがって，生涯教育と生涯学習とは，単なる見方や主客の相違にとどまらず，教育と学習との外延的相違を内包する概念として捉えておく必要がある。

（2）現代における生涯教育論の登場とその意味

　生涯教育論は，現代において初めて登場したものではなく，古来より幾度も現れている。たとえば，孔子（BC551-BC479）は『論語』のなかで，「子曰，吾十有五而志于学。三十而立。四十而不惑。五十而知天命。六十而耳順。七十而従心所欲不踰矩」と述べ，また，ソクラテス（BC469-BC399）も，人間性の育成にかかわる善悪の学習は生涯問い続けるべき課題だと説いている。近代では，コメニウス（1592-1670）が『汎教育』のなかで，8段階（①誕生前の学校，②幼児期の学校，③少年期の学校，④若年期の学校，⑤青年期の学校，⑥壮年期の学校，⑦老年期の学校，⑧死の学校）の生涯教育を構想し，さらに，ロバート・

オーエン（1771-1858）は，労働者階級の子どもたちや成人労働者のための性格形成学院（幼児学校，小学校，成人学校）を実際に設立している。

　現代という時代の特質をふまえた生涯教育論を「最初に」展開したのは，ポール・ラングランであるとされている。ラングランは，1965 年のユネスコ第 3 回成人教育推進国際委員会で「éducation permanente」（仏語）を提起したが，その意味を斟酌して，英語では「life-long integrated education」と訳された。これを文字どおり訳せば，「生涯にわたって統合された教育」となる。したがって，「生涯教育」という日本語は必ずしもその意味を正確に伝えているわけではない。それでは，「生涯にわたって統合された教育」とはどのような意味なのだろうか。ワーキング・ペーパー「生涯教育について」は次のように述べている。

　　「ユネスコは，誕生から死に至るまで，人の一生を通じて行われる教育の過程—それゆえに全体として統合的であることが必要な教育の過程—をつくりあげ活動させる原理として『生涯教育』という構想を承認すべきである。そのために，人の一生という時系列に沿った垂直的時限と，個人及び社会の生活全体にわたる水平的時限との双方について，必要な統合を達成すべきである」（ラングラン，1980：58）。

　つまり，「生涯教育」とは，生まれてから死ぬまでの教育の継続性という時間軸（垂直的次元）と，その時々におけるさまざまな教育媒体（学校，社会教育機関，家庭，マスメディアおよび企業など）における教育の連携性という空間軸（水平的次元）とをともに統合することにより，人間的および職業的自己実現に向けた能力の発達を制度的に保障しようとする教育理念である。

　このような生涯教育の必要性をラングランは，現代における諸変化の加速化，科学・技術革新や情報化の進展，生活様式や政治的変動，価値観の多様化，物象化された人間関係の危機などにみている。この認識の下で，生涯教育の目的は，社会と隔離した学校教育の新たな教育内容・方法による刷新，知識偏重から「学ぶことを学ぶ」場への学校の変革，人間活動の全領域をカバーする教育への転換，学校だけでなく，図書館，博物館，文化センターなど，既存の教育

施設の開放と指導者の養成などによる人間の調和的発達の実現にあるとした。

　当時，世界各国からこの考え方は支持され，生涯教育は先進諸国だけではなく，識字教育や開発教育の観点から途上国においても注目されることになった。しかし，正確を記していえば，「éducation permanente」という用語も概念も，ラングランの独創ではない。それは，ラングランを育んだ当時のフランスの社会的・政治的背景の下で，ランジュワン＝ワロン改革案（1947年）の影響を受けて提起されたルネ・ビエールの教育改革法案（1956年）のなかに見いだされる（山崎，2017：5）。とはいえ，世界を巻き込んで生涯教育の意義について認識させた功績はラングランにある。

▶第2節　ユネスコにおける生涯学習論の展開

（1）積極的参加による社会変革としての生涯教育論

　ユネスコの生涯教育部長を担当した（1962〜1972年）ラングランの後を継いで，生涯教育を指導した（1972〜1993年）のがエットーレ・ジェルピであった。その生涯教育論は，ラングランのいう人格の統一的かつ継続的な発達を重視しつつ，発達を疎外する要因を摘出して，社会の積極的な変革を志向する点に特徴がある。彼は，生涯教育は恵まれた人々だけのものではなく，社会的に恵まれない人々や第三世界の人々のためにこそ必要であるとし，社会への積極的な参加を促す知識を学ぶことを重視した。彼は次のように述べる。

　　「生涯教育は政治的に中立ではない。このことは，生涯教育を考察していく上で，あらゆる意味での出発点である。とりわけ，生涯教育の実践が自己決定学習へと徐々に移行する場合は，なおのことである。われわれの生きている現代社会の抑圧的な諸勢力が，学習時間と学習空間の増加を人々に許容するのは，人々の自立への闘いの強化をもたらさないようにするという条件においてのみである」（ジェルピ，1983：17）。

　　自己決定学習（self-directed learning）とは，抑圧，不平等，差別，格差の渦巻く現実世界において状況転換の契機となるものである。それは，教育活動の

自律性（autonomy）に依拠して，学習者の積極的参加によるつくりかえを志向する。生涯学習とは，自己決定学習により，すべての者の「全面的発達」を通して不平等な社会を変革する主権者の育成をめざす営みとして捉えられる。

　生涯教育の目的である「人間的になること」と関連してジェルピがとくに強調したのは，職業的自己実現における労働者の全面発達論であった。従来の職業訓練は，特殊専門化された限定的な職種の訓練に終始し，生産活動の受動的担い手の育成が重視された。しかし，これからの職業教育は，生産諸力の発展における全体性の推進者として労働者を捉え，科学技術や生産技術の発展方向と政治・経済および社会的動向との関連のなかで自己の専門性を位置づけ得る生産活動の積極的な担い手（同時に社会生活への積極的な参加者）の育成を重視しなければならないとジェルピは考えた。この生涯教育論の思想的背景には，世界システム論，教育の再生産理論および批判的教育学の影響とともに，旧ソビエトで展開されたポリテフニズム（総合技術教育論）の影響が認められる。

（2）生涯教育から生涯学習へ

　生涯学習の用語の定着は，既述の中教審答申「生涯教育について」における概念的整理を契機としており，臨時教育審議会（1984～1987年）の答申で「生涯学習体系への移行」が提起され，1990年に中央審答申「生涯学習の基盤整備について」が出されて以降普及していった。具体的には，1988年に文部省（2001年から文部科学省）の社会教育局が生涯学習局（2001年から生涯学習政策局）に改組され，各地方においても社会教育部局を生涯学習部局へと変更する事例が相次いでいる。しかし，これらは社会教育の名称変更でしかなく，生涯学習や生涯教育の概念を正確に反映しているとはいいがたい。

　1970年代以降，生涯教育をめぐって国際的にも大きな進展がみられた。ユネスコの動向をにらみつつ，OECD（経済協力開発機構）では，1970年に公表された「平等な教育機会」においてリカレント教育が公式に採用されている。この思想は，スウェーデンの文相だったオロフ・パルメ（1927-1986）が1969年の欧州文相会議で取り上げ，1973年に報告書『リカレント教育―生涯学習

のための戦略』が公表されたことで国際的に認知された。その特徴は，フォーマルな学校教育を終えて社会に出たあとでも，必要に応じて教育機関に戻り，繰り返し教育が受けられる循環型の教育制度を構築する点にあった。しかし，この考えは学校教育に限定され，かつ経済発展の基礎となる人材養成に焦点化されていたため，生涯教育論としては問題視されたが，高等教育を生涯教育の射程におき，成人学習の新たな一面切り開いた点にその意義が認められる。

　これと平行してユネスコでは，1970年に現代社会の要請に応じた教育制度を構想するための教育開発国際委員会が発足し，委員長にはフランスの元首相エドガー・フォール（1908-1988）が任命されている。1972年に報告書『未来の学習』（Learning to be）が提出されたが，その特徴は，ロバート・ハッチンズ（1899-1977）の提唱した「学習社会」の構築とエーリッヒ・フロム（1900-1980）による人間的に生きる様式としての"to be"とがともに生涯教育の目的とされたことである。「学習社会」とは，ハッチンズによれば，人間的になることを目的とする学習を肯定する社会であり，題名の"Learning to be"とは，人間らしく存在することを学ぶ，という意味である。このような過程を経て，1985年にパリで開催された第4回ユネスコ国際成人教育会議では，学習権が一部の者に限定された権利ではなく，すべての者にとっての基本的人権であり，「学習権なくして，人間的発達はあり得ない」と宣言された（「学習権宣言」）。

　1996年には，欧州委員会委員長を勤めたジャック・ドロール（1925-）を委員長とする「ユネスコ21世紀教育国際委員会」の報告書『学習：秘められた宝』（Learning: the Treasure Within）がまとめられた。そこでは「生涯学習の理念は21世紀の扉を開く鍵」だとして，21世紀に生きる学習のあり方が4本柱として提示さた。すなわち，「知ることを学ぶ」「為すことを学ぶ」「共に生きることを学ぶ」，そして，「人間として生きることを学ぶ」である。ただし，そこで用いられた「生涯学習」は"learning throughout life"（生涯を通した学習）であった。

　ユネスコにおいても生涯教育は生涯学習へと移行していくが，それは，学ぶ

主体としての学習者を中心に教育を捉えようとする趣旨に基づいている。今日一般的に使用される "lifelong learning" は，1997年の第5回ユネスコ国際成人教育会議で出された「成人の学習に関するハンブルク宣言」のなかで，"Learning throughout life" とともに使用されている。そこでは，成人教育が「1つの権利以上のものになる」ことを見通しつつ，「生涯を通した教育への権利と学習権を承認することは，これまで以上に必要なものとなっている」（堀尾・河内編，1998：513）と指摘している。

▶第3節　生涯学習と多文化・多民族共生の思想

（1）学習権と共生の思想

　学習権が生涯を通した教育への権利であり，国籍の有無に関係なくすべての者に保障されるべき基本的人権であるとすれば，生きる権利としての生涯学習は，マジョリティだけでなく，マイノリティに対してこそ保障されるものでなければならない。生涯にわたる学習権の思想は，マイノリティとの共生を希求する多文化・多民族共生の思想とその立場を共有する。

　それでは，「共生を希求する」という場合「共生」とは何か。この用語は，生物学の用語 "simbiosis" から派生したものだが，社会分野ではしばしば「共存」（coexistence）が用いられる。しかし，共存には歴史的概念としての「平和共存」にみられるように，鉄のカーテンで仕切り，相互にかかわり合うことを拒否する，いわば「消極的共存」と，積極的にかかわり合い，相互理解を重ね，共通の価値の創造によりともに生きていこうとする「積極的共存」とがある。「共生」（living together）とは後者の「積極的共存」を意味する。

　共生の思想は，主に次の4つの分野で展開されている。1つ目は，環境や自然との共生である。「環境共生」ないし「自然共生」とも呼ばれ，循環型社会の創造などが目標とされる。2つ目は，男女の共生である。男女平等を推進するべく，男女共同参画社会の実現を最重要課題と位置づけた1999年の「男女共同参画社会基本法」はその代表的事例である。これは「ジェンダー共生」と

も称される。3つ目は，障がい者や高齢者などの社会的弱者との共生をめざす「ノーマライゼイション」である。その世界的先駆けとなったのが「サマランカ宣言」(1994年) であった。そこでは，「万人のための教育」(1990年) の実現をめざし，特別なニーズをもつ子どもたちのための「インクルーシブ教育」が提案された。その4つ目は，文化的・民族的他者との共生である。これは，民族，エスニシティ，移民，難民，宗教，ジェンダー，階層および障がいの有無にかかわらず，すべての人間の共生の実現を目標としている。

　人間としてともに生きるための学びは，他者との共生なしには無意味であり，「学習社会」の実現をめざす生涯学習は，マイノリティとの共生をめざす「多文化・多民族共生社会」の実現なしには想定しえない。学習社会の実現と「多文化・多民族共生社会」の実現は，生涯にわたる学習権思想の中核をなす。

(2) 共生の思想的基底の1つとしての多文化主義

　多文化・多民族共生の思想は，メルティング・ポット論やサラダ・ボール論として論じられてきた。前者は，支配文化を強制する「同化主義」(assimilationism) とは異なり，多様な「人種」や民族による文化が新天地で溶け合い，新しい文化が形成されるとする考えで，劇作家イズリアル・ザングウィル (1864-1926) の戯曲『メルティング・ポット』(1908年) のなかで主張された。しかし，「融合主義」(amalgamationism) とされるこの思想は，ワスプ (WASP：White, Anglo-Saxon, Protestant) による支配文化への同化にほかならなかったことが批判されるようになり，「同化主義」も「融合主義」も共に否定するホレス・カレン (1882-1974) の文化多元主義 (cultural pluralism) が唱えられるようになる。

　文化多元主義は，その比喩的表現として「サラダボール論」が用いられるが，多様な文化の存在を尊重しながらも，国民に共有された文化としての「統一性」を強調する点に特徴がある。つまり，多種多様なサラダの入る「ボウル」は，西洋文化によって形成されていると解釈することも可能で，保守的な白人層にも支持されるようになっていった。

文化多元主義を継承・克服するものとして現れてきたのが多文化主義（mul-ticulturalism）である。多文化主義は，西洋文化を国民文化の中心に位置づけることを認めず，そうした想定を西洋中心主義だと批判する。移民の出身地域が，西洋から中南米・アジアへと大きく転換していく時代を背景として，1980年代以降，文化多元主義は多文化主義へと軸足を移すことになった。しかし，多文化主義にもさまざまな潮流がある。関根によれば，それらの潮流は次の6つに類型化される。すなわち，①シンボリック多文化主義，②リベラル多文化主義，③コーポレイト多文化主義，④連邦制・地域分権多文化主義，⑤分断的多文化主義，⑥分離・独立主義多文化主義である（関根，2000：50）。

　文化多元主義とは異なる多文化主義の特徴をラドソン・ビリングス（1947-）は「サラダボール論」と対比して，メタファーとしての「ジャズ論」として特徴づけている。それは，①プロダクトとしての文化からプロセスとしての文化へ，②純粋な文化から混成の文化へ，③静的な文化から動的な文化へ，④政治的に中立の文化から権力装置としての文化へ，⑤理解と尊重の対象としての文化から変革の対象としての文化への移行である。ここには，文化を「ある」ものから「なる」ものとして捉える認識の変容がある（松尾，2007：45-53）。これを思想的にみれば，文化や民族の本質主義的理解からそれらの構築主義的理解へと軸足を移すことを意味する。

▶第4節　言語権の視座からみた多文化・多民族共生への現代的課題

（1）言語権と学習権

　学習権にとって言語権（Linguistic Rights, Language Rights, Rights to Language）が死活的に重要なのは，言語そのものの特質に起因している。その特質とは，学習や教育を媒介するのは主要には言語であり，言語なくして学習や教育は成立しないばかりか，言語そのものが文化であり，言語習得の過程は，言語に内在的に埋め込まれている論理や思想の潜在的習得を含む文化の伝承としての人間形成のプロセスそのものを意味する点にある。

言語権が人権論として広範に議論されるようになるのは，比較的最近のことであり，社会言語学の分野では 1980 年代からである。1990 年代に入ると，スクトナブ=カンガスやロバート・フィリプソンにより「言語的人権」（Linguistic Human Rights）という言葉が使用され，多数派言語への乗り換えを強いるシステムを批判的に捉えて，母語と母語教育の重要性が提起されている。カンガスは，言語権を「必要な権利」と「拡張的権利」とに分け，母語へのアイデンティティ，母語へのアクセス，公用語へのアクセス，支配言語の非強制，初等の母語教育を言語的人権とし，外国語を学ぶ権利などを拡張的言語権としている（Tove Skutnabb-Kangas, 2000：498）。

　言語権の定義については日本でもいくつかの文献のなかで提起されているが，以下はその代表的なものである。

① 「言語権とは，人間の平等という概念を言語的側面に適用し，いわゆる言語差別を可視化し，是正しようとする試みに基づき提唱されたもの」（言語権研究会編，1999：10）。

② 「言語権とは，自己もしくは自己の属する言語集団が，使用したいと望む言語を使用して，社会生活を営むことを誰からも妨げられない権利である」（鈴木，2000：8）。

③ 「言語権とは，言語の習得及び自らが習得した言語の私的・公的な使用選択の権利である」（渋谷・小嶋編，2007：107）。

　渋谷・小島らはカンガスを参考にしながら，「狭義の言語権」と「広義の言語権」に分けて論じている。前者は，言語習得の権利における第一言語または母語の習得を「最狭義の言語権」とし，それに公用語（国家語）を第一言語としない者の公用語習得の権利を含めている。後者は，自らが習得した言語の使用選択の権利であり，言語的少数者や少数民族の第一言語の使用選択の権利が含まれ，それ以外の一般的な言語使用選択の権利を「最広義の言語権」と位置づけている。

　言語権と学習権との関係を整理すれば，「狭義の言語権」は言語習得の権利としての「学習権」であり，社会権的基本権として捉えられる。これに対して，

「広義の言語権」は「表現の自由」（憲法 21 条）に属する自由権的基本権と，言語という「共同善」（公共財）の特質に基づく集団的権利としての社会権的基本権との両面を併せもつ権利である。したがって，言語権とは，学習権および人権の共同行使としての集団的権利を内に含む社会権と自由権とを併有する複合的権利として位置づけられる。ここで，「共同善」としての言語の特質とは，一般に公共財は使用されすぎると枯渇するが，言語は反対に使用されなければ枯渇するという特質である。言語は個人のうちに内弊していては意味をなさず，一定の言語集団による使用が前提されて初めて意味をなす。

（2）言語権からみた多文化・多民族共生への現代的課題

　言語権が人権として意識されるのは，その使用選択が当然のこととして妨げられている言語的・民族的少数者である。教育における言語権について，スクトナブ゠カンガスは「教育における言語権こそ最も重要な言語的人権だといいたい」（三浦・糟谷編，2000：297）と述べ，1990 年代までに成立した国際的な宣言や条約が，人種，性，宗教など言語以外の人間の特性は拘束力のある各条項において積極的に人権と結びつけられ，国家の義務を明瞭に規定しているに対して，言語および教育における言語権に関する条項はきわめて曖昧な表現で扱われ，抜け道的な条項やご都合主義の選択肢に満ち，弱く不十分で，事実上無意味に等しいと批判している。

　国際法上における言語権展開の歴史を跡づけてみれば，言語の相違による差別の禁止については，「国連憲章」（1945 年，55 条），「ユネスコ憲章（1945 年，目的及び任務の 1 」および「世界人権宣言」（1948 年，2 条 1 項）など，多くの条約や宣言が早くから提示してきた。また，母語の使用選択の権利に言及したのは国際人権 B 規約（1966 年，27 条）であった。

　言語に関する権利が国際的な場で認識されるようになるのは，「独立国における先住民族及び種族民に関する条約」（1989 年，ILO169 号条約）および「民族的又は種族的，宗教的及び言語的少数者に属する者の権利に関する宣言」（1992 年，いわゆるマイノリティ権利宣言）以降である。前者は，固有の言語の

学習とそれによる教育，国家語ないし公用語の学習，少数言語の存続と発展の措置について規定し（28条），後者は，言語的アイデンティティの保護（1条），公私における自己言語の使用権（2条），言語発展への国家義務（4条）について定めている。しかし，まだ言語権という言葉は用いられていない。

　少数者の言語への権利という視点からみて重要なのは，欧州レベルでの動向である。欧州評議会では「地域言語または少数言語のための欧州憲章」（1992年）や「民族的少数者保護枠組条約」（1995年）が策定されている。これらは，少数者の言語への権利と国家の義務を定めた法的拘束力のある国際条約である。また，全欧安保協力機構では「民族的少数者の教育権に関するハーグ勧告」（1996年）が出されている。同機構は「言語権」という言葉を用いて，1998年に「民族的少数者の言語権に関するオスロ勧告」を出している。

　人権論としての言語権論の大きな転機となったのは，ユネスコが後援し，90カ国220人の専門家がバルセロナに集まり，言語権について詳細な規定を示した「世界言語権宣言」（1996年）であった。また，「障がい者権利条約」（2006年，）は，音声言語と共に手話そのほかの形態の非音声言語をも「言語」として位置づけた点で注目に値する（第2条）。2007年の「先住民族の権利に関する国連宣言」では，先住民族自身による教育機関の設立と自らの言語で教える権利，国家による効果的な措置義務がうたわれた（14条1項）。

　しかし，言語権は単に一般的な差別の禁止規定にとどまらず，より具体的な権利として規定され，実効性をはかることが求められている。たとえば，高く評価されている既述の「マイノリティ権利宣言」も，「国家は，少数者に属する者が可能な場合にはその母語を学び又はその母語で教育する充分な機会を得るように適当な措置をとるものとする」（4条3項）とあるが，何が「可能」かは誰が決めるのか，「充分な機会」や「適当な措置」とは何を示すのか，「母語を学び又は母語で教育する」とは，教科としての教育か母語による教育かが曖昧である。この観点からすれば，「先住民族の権利に関する国連宣言」における14条の3「国家は，先住民族と連携して，その共同体の外に居住する者を含め，先住民族である個人，特に子どもが，可能な場合には，独自の文化で

及び独自の言語で提供される教育へアクセスできるよう効果的措置をとる」の下線部分も，そのいっそうの精緻化が課題とされよう（岩﨑，2014：4）。

【岩﨑　正吾】

［主要参考文献］
①ポール・ラングラン／波多野完治訳『生涯教育入（改訂版)』全日本社会教育連合会，1980 年
②山崎ゆき子「ユネスコにおける生涯学習概念の再検討―フランスの教育改革を視野に入れて」www.pref.kanagawa.jp/uploaded/attachment/705278.pdf（2017 年 8 月 3 日確認)。
③エットーレ・ジェルピ／前平泰志訳『生涯教育―抑圧と解放の弁証法』東京創元社，1983 年
④堀尾輝久・河内徳子編『教育国際資料集』青木書店，1998 年
⑤関根政美『多文化主義の到来』朝日新聞社，2000 年
⑥松尾知明『アメリカ多文化教育の再構築』明石書店，2007 年
⑦ Tove Skutnabb-Kangas , *Linguistic Genocide in Education-or Worldwide Diversity and Human Rights?* Lautence Erlbaum Associates, 2000.
⑧言語権研究会編『言葉への権利』三元社，1999 年
⑨鈴木敏和『言語権の構造』成文堂，2000 年
⑩渋谷謙次郎・小島勇編『言語権の理論と実践』三元社，2007 年
⑪三浦信孝・糟谷啓介『言語帝国主義とは何か』藤原書店，2000 年
⑫岩﨑正吾「言語権の視座からみた先住民族の教育権保障」『国際教育』第 20 号，日本国際教育学会，2014 年

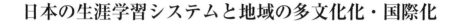

第2章

日本の生涯学習システムと地域の多文化化・国際化

　本章では，日本の生涯学習システムと進展する地域における多文化化・国際化にどのように対応していくのかについて論じる。まず日本における生涯学習の位置づけについて歴史的な経緯を含めて述べていく。これは地域の多文化化・国際化と生涯学習が密接な関係があり，最初にその位置づけについて明確にする必要があると考えられるためである。なお，生涯学習に関連した用語としては「生涯教育」「社会教育」がある。社会教育について混乱を避けるために，本章ではあまりふれていないが，生涯学習と社会教育の関係は，「生涯学習が新しい概念・社会教育は古い概念で，生涯学習は社会教育を現代的に言い換えたもの」ということでは決してない。社会教育は，具体的には公民館における講座やサークル活動，図書館や博物館での活動などといった学校教育以外の教育活動であり，NPOや地域づくりといった視点からも論じられることが多い。しかしながら，近年では生涯学習の視点からもそれらの活動を論じられてきているため，本章においては生涯学習を中心として述べる。つぎに，地域における多文化化・国際化，あるいは多文化共生について，どのような現状があり，施策がなされているのかについて示していく。ここでは地域と学校（外国籍の児童生徒）が別のシステムとなってしまっていることを述べる。そして権利主体としての外国人を考えるのであれば，生涯学習の枠組みを広く捉え，それぞれの施策をつないでいくことが必要であることを提示する。

▶第1節　日本における生涯学習のシステム

（1）生涯学習の考え方
　日本における生涯学習に関する法的な記述は，2006（平成18）年に改正され

た教育基本法にみることができる。この第3条では「生涯学習の理念」として「国民一人一人が，自己の人格を磨き，豊かな人生を送ることができるよう，その生涯にわたって，あらゆる機会に，あらゆる場所において学習することができ，その成果を適切に生かすことのできる社会の実現が図られなければならない」とされている。ここで，理念としては，前半部分の「国民一人一人が，自己の人格を磨き，豊かな人生を送ることができる」ための，生涯にわたるあらゆる機会・場所における学習，ということができる。注意すべきは「生涯学習の理念」とされているものの，全体として示されているのは，生涯学習の理念を生かせる社会，すなわち「生涯学習社会」の実現をめざすということである。

　1965（昭和40）年のユネスコ成人教育推進国際委員会議でP.ラングランが提唱したのは「生涯教育」であったが，現在の日本において推進されているのは「生涯学習」である。当初はこれを「社会教育」と「生涯教育」という視点で位置づけられており，このことは1971（昭和46）年の社会教育審議会答申「急激な社会構造の変化に対処する社会教育のあり方について」にみることができる（引用は原文ママ）。生涯教育については，「生涯教育の必要は，現代のごとく変動の激しい社会では，いかに高度な学校教育を受けた人であつても，次々に新しく出現する知識や技術を生涯学習しなければならないという事実から，直接には意識されたのであるが，生涯教育という考え方はこのように生涯にわたる学習の継続を要求するだけではなく，家庭教育，学校教育，社会教育の三者を有機的に統合することを要求している」と述べる一方で，この有機的な統合がなされず，学校教育だけに過度の負担や期待がかけられ，非能率や重複が生じてしまうことを避けるためにも「あらゆる教育は生涯教育の観点から再検討を迫られているといつてよい」としている。そのなかで社会教育については，「生涯にわたる多様な教育的課題に対処する必要があるので，一定期間に限定された学校教育だけではふじゆうぶんとなり，変化する要求や個人や地域の多様な要求に応ずることができる柔軟性に富んだ教育が重要」であるため，「生涯教育においてとくに社会教育が果たすべき役割はきわめて大きい」とさ

れたのであった。つまり，この時点で生涯教育のなかで重視されていたのは社会教育であり，そのために生涯教育と社会教育の概念が重複してしまうという傾向があったといえる。

「生涯学習」と「生涯教育」のそれぞれの定義については 1981（昭和 56）年の中教審答申「生涯教育について」において定義がなされている。なお，以下の定義は 2008（平成 20）年の中教審答申「新しい時代を切り拓く生涯学習の振興方策について」においても参照されているため，日本における基本的な生涯学習に関する考え方だといえ，生涯学習の定義としてはこの時点で整理されたとみることができるだろう。答申のなかで生涯学習とは「今日，変化の激しい社会にあって，人々は，自己の充実・啓発や生活の向上のため，適切かつ豊かな学習の機会を求めている」「これらの学習は，各人が自発的意思に基づいて行うことを基本とするものであり，必要に応じ，自己に適した手段・方法は，これを自ら選んで，生涯を通じて行うもの」であり，また生涯教育とは「この生涯学習のために，自ら学習する意欲と能力を養い，社会の様々な教育機能を相互の関連性を考慮しつつ総合的に整備・充実しようとするのが生涯教育の考え方である」「言い換えれば，生涯教育とは，国民の一人一人が充実した人生を送ることを目指して生涯にわたって行う学習を助けるために，教育制度全体がその上に打ち立てられるべき基本的な理念である」とされている。すなわち，生涯学習は年齢を問わず，個々人が自らのために，それぞれに適した方法を自ら選んだうえで自発的に行う学習活動であるのに対し，生涯教育はそのための環境を整え，学習支援を行っていくうえでの基本的理念のことであるということができるのである。

しかしながら現在においては「生涯教育」という用語はほとんど使用されてはいない。その契機となったのは臨時教育審議会（1984 年設置）による 1985〜1987（昭和 60〜62）年の教育に関する答申（第 1 〜 4 次）である。この答申では基本的に「生涯学習体系への移行」について述べられており，1987年の第 4 次答申（最終答申）では，「社会の変化に主体的に対応し，活力ある社会を築いていくためには，（中略）学校中心の考え方を改め，生涯学習体系

への移行を主軸とする教育体系の総合的再編成を図って行かなければならない」として，生涯学習体系への移行に加え，生涯学習体制の整備の具体的方策が述べられた。なお，その後，1990（平成2）年には「生涯学習の振興のための施策の推進体制等の整備に関する法律」（生涯学習振興法）が制定され，生涯学習審議会（現在は中央教育審議会生涯学習分科会）が発足するなど，本格的に「生涯学習社会」の整備が進んでいったということができる。

　この「生涯学習社会」について，前述の教育基本法では「成果を適切に生かすことのできる社会」という記述があったが，これは当然，生涯学習において何らかの成果を生じさせることが必須であるということではない。2008年の中教審答申にあるように，生涯学習は「社会全体の活性化」「自立した個人の育成や自立したコミュニティ（地域社会）の形成」という効果があるが，あくまで個々人の興味関心に沿った時間や場所にとらわれない学習活動への支援が必要とされているのであり，その結果として社会の活性化や自立したコミュニティの形成，あるいは本人が望めば成果を適切に生かすことも可能となるような社会が生涯学習社会であると考えることができる。つまり，生涯学習を学習権として捉えていくことが重要であろう。

　現在において「生涯教育」がほとんど使用されていないのは，「生涯学習」のなかに理念としての「生涯教育」を含んで使用されるためである。すなわち，「理念としての生涯学習は学校教育を含んでいるが，現象としての生涯学習は学校教育を除外し，社会教育事業のほかに首長部局やカルチャーセンターの学習事業，さらに任意に行われる自主活動などを含む概念として用いられている」（佐藤，2016：17）ということである。具体的に例をあげるならば，文部科学省の2015（平成27）年10月1日現在の内部部局には，大臣官房／生涯学習政策局／初等中等教育局／高等教育局／科学技術・学術政策局などがあるが，初等中等教育局／高等教育局は生涯学習政策局に属するのではなく，それぞれ並列した別部局となっている。多くの各自治体においても生涯学習課と学校教育課は別になっているが，これらも理念としては生涯学習のなかに学校教育があるものの，以前は「社会教育課」であった部局がそのまま「生涯学習課」へ

と改組されたという経緯を反映して，行政組織としては別の部局になっているといえるのである。

（2）生涯学習のなかでの多文化化・国際化の位置づけ

さて，日本の生涯学習において，多文化化・国際化や多文化共生がどのように位置づけられているのであろうか。それぞれの答申から再確認を行ってみたい。1971 年の社会教育審議会答申においては国際理解を進めていこう，という程度の記述であったが，生涯学習について整理された 1981 年の中教審答申では，人々が豊かな国際性を身につけること，国際的視野をもった大学開放，社会教育における「異文化民族」についての理解促進のための国際交流事業や言語習得を通じた国際的に開かれた心の涵養といった視点から述べられている。また，2008 年の答申においても基本的には同様であるが，グローバル化を背景として「総合的な『知』が求められる時代—社会の変化による要請」のなかで，多文化化・国際化に対応できることは，「自己の充実・啓発のためのみならず，変化する国際社会にあって我が国及び我が国の国民が確固たる地位を占めていくことに資することになる」として，多文化化・国際化が進展する社会における学習の意義について述べられている。具体的には，「地域の教育力向上のための社会教育施設の活用」として，「地域が抱える課題への対応として，大学・高等専門学校・高等学校との連携講座等，学校と連携した教育活動の実施，高齢者，障害者，外国人等地域において支援を必要としている者への対応（中略）についての学習機会の提供が望まれる」と記述されており，公民館などの社会教育施設における学習機会を整備していく必要性が示されている。

ここからみえてくるのは，基本的にはグローバル化が進展するなか，日本国民がそれに対応していくと同時に国際競争力を養っていくための学習を生涯を通じて保障していこうとするものであるということである。しかし，生涯学習を学習権の視点から考えるのであれば，ユネスコの「学習権宣言」（1985 年）で述べられたとおり，一部の者が社会情勢に対応したり地域課題を解決したりするためということではなく，すべての者に認められた基本的人権として考え

ていく必要があるだろう。そのため，多文化化・国際化が進展している現状も「急激な社会変容」であり，その対応において国籍のちがいが学習機会に影響してしまうことは避けなければならない。すなわち，生涯学習の理念として考えられている「いつでも，どこでも，誰でも」のうち「誰でも」について，どこの国民かを問う国籍中心の考え方から，どこに居住し生活しているのかを重視する居住地中心の考え方へと認識を変えていかなければならないといえる。

▶第2節　外国籍の児童生徒の現状と対応

　生涯学習を所管している文部科学省における外国人関連のデータとしては，1948（昭和23）年から毎年行われている「学校基本調査」における各種学校の「外国人児童数」，および全国のすべての公立小・中学校，義務教育学校，高等学校，中等教育学校，特別支援学校を対象として1991（平成3）年から行われている「日本語指導が必要な児童生徒の受入状況等に関する調査」のうちの日本語指導が必要な外国籍の児童生徒に関するものがある（2010年からは2年ごとに調査）。この調査において「日本語指導が必要な児童生徒」とは，「『日本語で日常会話が十分にできない児童生徒』及び『日常会話ができても，学年相当の学習言語が不足し，学習活動への参加に支障が生じており，日本語指導が必要な児童生徒』を指す」（文部科学省，2016：1）とされている。表2.1に示したように，公立学校に在籍している外国籍の児童生徒数，およびそのうちの日本語指導が必要な児童生徒数ともに年々増加傾向にあり，在籍している外国籍児童生徒のうち半数近くが該当することがわかる。

　ただし，この数値に関しては問題点が指摘されている。文部科学省は都道府県別の日本語指導が必要な外国籍の児童生徒数についても提示している（文部科学省，2016：14）が，これを学校別にみたとき，とくに高等学校における数値にばらつきがあることが指摘されている（若林，2013：9-10）。2016（平成28）年のデータをみると，たとえば東京都では日本語指導が必要な外国籍の児童生徒数が2932人に対して当該生徒数の割合が中学校27.8%（814人）・高等

表 2.1　公立学校に在籍している外国籍の児童生徒数およびその
**　　　うちの日本語指導が必要な児童生徒数**

種別　＼　年	2016（平成28）			2014（平成26）			2012（平成24）			2010（平成22）			2008（平成20）		
		要指導	%		要指導	%		要指導	%		要指導	%		要指導	%
小学校	49,093	22,156	45.1	42,721	18,884	44.2	40,263	17,154	42.6	42,748	18,365	43.0	45,491	19,504	42.9
中学校	20,686	8,792	42.5	21,143	7,809	36.9	21,405	7,558	35.3	22,218	8,012	36.1	21,253	7,576	35.6
義務教育学校	185	159	85.9	—	—	—	—	—	—	—	—	—	—	—	—
高等学校	8,968	2,915	32.5	8,584	2,272	26.5	8,948	2,137	23.9	8,189	1,980	24.2	7,284	1,365	18.7
中等教育学校	148	52	35.1	211	56	26.5	105	24	22.9	112	22	19.6	109	32	29.4
特別支援学校	1,039	261	25.1	630	177	28.1	824	140	17.0	947	132	13.9	906	98	10.8
計	80,119	34,335	42.9	73,289	29,198	39.8	71,545	27,013	37.8	74,214	28,511	38.4	75,043	28,575	38.1

注：義務教育学校は 2016（平成28）年より設置
出典：文部科学省「『日本語指導が必要な児童生徒の受入状況等に関する調査
　　　（平成28年度）』の結果について」[2016] より作成

学校 17.9%（526人）であるが，栃木県では 666 人に対してそれぞれ 19.1%
（127人）・5.2%（35人）となっており，県内への進学を選択したかどうかなど
といった要因はありうるものの，高等学校での数値が急激に落ち込んでいると
いうことができる。

　日本語指導が必要な児童生徒の対象となるかどうかといった判断について，

全校種を対象とした調査では，「児童生徒の学校生活や学習の様子から判断している」と回答した学校が 8064 校と最も多く，次いで「児童生徒の来日してからの期間を対象基準にしている」が 2982 校，「DLA（Dialogic Language Assessment，対話型アセスメント）や類似の日本語能力測定方法により判定している」が 1751 校という結果になっている（文部科学省，2016：13）。このことから，高等学校に進学できるのだから問題ないはずだとされてしまっていること（若林，2013：10）が，学校生活や学習の様子での判断としてありえるといえる。そのため，教員と児童生徒の日常的な関係性に依存している部分が大きく，DLA といったより客観的な判断基準をさらに検討していく必要があるといえるだろう。

　他方で指導する教員の研修や負担軽減も重要である。栃木県の場合は「外国人児童生徒教育拠点校」として県内に 39 校（小学校 31 校・中学校 8 校（2016 年度），年度による増減あり）を指定し，教員の加配措置を行うなど教育の充実を図るとともに，「内地留学」（教員を 6 カ月〜 1 年間，大学等において研究を行わせる制度）により，県内各大学にてポルトガル語・スペイン語・中国語などの語学研修の実施，あるいは学校生活への適応指導や，その特性を生かす指導のあり方について協議する「帰国・外国人児童生徒教育研究協議会」の開催を行っている（栃木県教育委員会事務局那須教育事務所，2017：67）。しかし，派遣できる人数や開催回数に限りがあるため，次に述べるような地域の教育力を活用した方策を含めた連携をとっていくことが望ましいといえる。

▶第3節　地域の多文化化・国際化への施策

　外国籍の児童生徒について考える一方で，その保護者を含む成人についても考えていく必要があるだろう。ここで生涯学習の視点から多文化化・国際化への対策についてみてみたい。法務省「平成 28 年末現在における在留外国人数について（確定値）」によれば，日本の在留外国人数は 2008（平成 20）年末に 214 万 5000 人となり，その後ゆるやかに減少していくも，2013（平成 25）年

末から増加に転じ，2016（平成 28）年末には 238 万 3000 人となり，過去最高数値を更新しつづけている。

　文化の異なる外国人が地域に定住・長期滞在することが増えてきたことから，2005（平成 17）年に総務省は「多文化共生の推進に関する研究会」を設置し，2006（平成 18）年に報告書『多文化共生の推進に関する研究会報告書—地域における多文化共生の推進に向けて』をとりまとめた。ここでは外国人住民へのコミュニケーション支援・生活支援・多文化共生の地域づくりといった観点から，取り組むべき重点課題として，防災ネットワークのあり方，情報基盤整備のあり方，地方自治体における施策推進体制のあり方の 3 点が指摘された。とくに 3 点目に関しては，各地方自治体における多文化共生推進指針・計画の策定に資するために，多文化共生推進のための基本となる指針（地域における多文化共生推進プラン）を策定することを求めるものであった。この「多文化共生の地域づくり」という点は生涯学習を「現象」として捉えた際の社会教育的な視点から考えることも可能であろう。

　2007（平成 19）年には上記のうち「防災ネットワークのあり方」および「外国人住民への行政サービスの的確な提供のあり方（情報基盤整備のあり方）」に関しても報告書がまとめられ，課題の整理と具体的な取組事例についての紹介が行われた。残念ながらここであげられた課題は 2011（平成 23）年に発生した東日本大震災においても直面することとなり，甚大な被害をもたらした災害時に，言語・文化の異なる外国人の生命保護および支援が喫緊の課題となったため，2012（平成 24）年に報告書『多文化共生の推進に関する研究会報告書災害時のより円滑な外国人住民対応に向けて』が提出された。

　このなかであげられた課題としては，①外国人住民の実態などの把握による外国人住民に対する災害時の適切な情報提供（滞在目的や使用言語，あるいは活動拠点に関する情報の把握），②多文化共生の中核的な人材育成の充実と活用（日常的に地域の外国人コミュニティとかかわるようなコーディネーターの育成），③地方自治体の域内の関係機関との密接な連携（地域国際化協会や NPO などとの連携），④大規模な災害を念頭においた都道府県域を超える広域連携（組織単

独での対応の限界をカバーする都道府県・地域の関係者などと連携・協力・支援），⑤情報の迅速な多言語化などによる外国人住民への災害情報の伝達（やさしい日本語への言い換え，専門情報の円滑な多言語化を可能とする多言語情報提供体制の整備など），⑥さまざまな手段を活用した外国人住民に対する災害時の情報提供（内容や状況に応じて情報発信・提供の媒体を工夫），⑦平常時からの多文化共生の取り組み（地域国際化協会などが外国人コミュニティやボランティアなどとつながりをもつ），であった。これらへの提言としては，外国人住民の実態把握，中核的な人材育成と活用，関係者間の連携強化，多言語情報提供の充実とわかりやすい日本語の活用，日常的な取り組みの重要性の５点があげられている。

　これらは災害への対策という視点から指摘されたものではあるが，多文化共生の地域づくりを行っていくことが結果として災害への対策にもなりうると考えられるのである。とくに，①において「ALT（外国語指導助手）同士，日本語教室に通っている者同士，教会に通う者同士で安否確認，情報交換が行われていた」（総務省，2012：14），また，②および⑦において「外国人住民のリーダー発掘やそうした場づくりが十分できていない」（総務省，2012：15・20）と指摘されているとおり，単に弱い立場の外国人を支援していく体制を整えるという視点だけではなく，主体性をもった個人・集団として支援する側に立って相互の情報交換を行いながら積極的に活動していくことも重要ということになる。これは学校と地域の連携を進めていくうえでの体制と類似しているといえる。すなわち，学校と地域が連携していこうとするときに，直接つながるということには困難が生じてしまうため，学校内の教員のうち社会教育主事有資格者などに地域連携を担当させ学校内の要望のとりまとめやコーディネートを行い，地域側は地域コーディネーターを窓口として学校支援ボランティアや授業における地域からのゲストスピーカーなどをコーディネートするというかたちである。

　ここまでみてきたように，多文化共生のシステムとして児童生徒および成人を中心とした地域住民への施策に対しては課題の把握およびそれへの対策が進んでいるということができる。しかしながら，生涯学習の視点から，生涯を通

じていかに多文化化・国際化への認識を深め，権利主体としての児童生徒や地域住民として捉えるのかということを考えた場合，全体を包括するようなシステムではないことが問題点として指摘できよう。たとえば栃木県宇都宮市は，全国的にも比較的早い時期から在住外国人に対する施策の充実が図られてきたが，多文化共生施策を所管する市民まちづくり部・国際交流プラザと教育委員会との情報共有などはほとんどなく，国際交流プラザとまちづくりを所管するみんなでまちづくり課や市民活動センター・地区市民センター・地域コミュニティセンターなどとの関係も薄く，これに加えてそれぞれの所管する部局が物理的に切り離されてしまっていることで顔の見える環境にないことが指摘されている（坂本，2016：50）。他方で「自治会長や民生委員など地域コミュニティのキーパーソンであっても在住外国人に対する意識は低い」傾向にあり，「地域の在住外国人を知る手段も少なく所在確認なども難しい」「在住外国人にとって，周囲の住民と適度な距離感をもった関係形成は容易ではない」（坂本，2016：57）といったように，地域のなかでの多文化化・国際化がみえにくいことも課題といえるだろう。

▶第4節 「共生」の課題

　生涯学習においては年齢や場所を問わず学習する機会を整備していくことが必要であるが，学習を権利として考えれば，その対象は日本国民だけに限定されるものではないといえる。現実的には地域の多文化化・国際化は今なお進展中であり，それに対する施策は災害という緊急時の生命保護の観点にとどまるものではない。多文化共生とは，単に「同じ地域で生活する」ということではなく，外国籍であってもその学習をどのように保障していくのか，地域として多文化化・国際化にどのように対応することが「共生」といえるのかについての議論を深め，実際に「顔の見える関係」をどう現実化していくことが必要とされるといえるのである。

【若園　雄志郎】

［主要参考文献］

①坂本文子「地域コミュニティにおける多文化共生の現状と課題」（うつのみや市政研究センター『市政研究うつのみや』第12号，2016年

②佐藤晴雄『生涯学習概論』（第1次改訂版）学陽書房，2016年

③佐藤晴雄「生涯学習をめぐる基本的概念の検討」岩﨑正吾編著『生涯学習と多文化・多民族教育の研究』学文社，2013年

④総務省『多文化共生の推進に関する研究会報告書―災害時のより円滑な外国人住民対応に向けて』2012年

⑤総務省『多文化共生の推進に関する研究会報告書―地域における多文化共生の推進に向けて』2006年

⑥栃木県教育委員会事務局那須教育事務所・那須地区市町教育委員会連合会『那須地区教育の概要』平成28年度，2017年

⑦文部科学省「『日本語指導が必要な児童生徒の受入状況等に関する調査（平成28年度）』の結果について」2016年

⑧若林秀樹「みんなで考えるときがやってきた！」宇都宮大学 HANDS プロジェクト監修『教員必携―外国につながる子どもの教育3』宇都宮大学 HANDS プロジェクト，2013年

日本社会の国際化と国際理解教育

　日本には、アイヌ民族、琉球民族、さらには在日コリアン、中国人など文化的背景を異にする人々がともに暮らしてきた。今、あらためて「日本社会の国際化」とは、どのような意味なのだろうか。また、日本社会の国際化によってどのような課題が生じ、その課題に対して私たちはどのように向き合っていけばよいのだろうか。

　本章では、第二次世界大戦後、戦争への反省から生まれた国際連合の専門機関であるユネスコの国際理解教育を手がかりに、上記の課題を考察していく。

▶第1節　日本社会の国際化とは何か

(1) 在留外国人の増加と多国籍化

　法務省入国管理局の、「平成17年（2005年）末現在における外国人登録者統計について」（以下、法務省統計）において、「外国人登録者数は、はじめて200万人を突破し201万人となり、過去最高を更新。我が国総人口の1.57パーセントを占める」とあった。

　10年後の法務省統計では、「平成28年（2016年）末の在留外国人数は、238万2822人で、前年末に比べ15万633人の増加、過去最高」であり、日本の総人口に占める在留外国人の割合は約1.8％になった。

　また、同じく法務省統計で外国人登録者の国籍（出身地）数は、2005年には186カ国、2016年には194カ国と世界中から人が集まり日本で暮らしている実態が明らかになった。日本社会の国際化とは、法務省統計が示すように、日本に中長期に在留または永住している外国人（外国籍を有する人）の日本の総人口に占める割合の増加と、その登録者の国籍（出身地）の多様化である。

図3.1は，法務省統計「日本の総人口に占める在留外国人の割合」である。1990年ごろから，在留外国人が急激に増えはじめていることがわかる。図3.2は同じく法務省統計にみる外国人登録者の国籍（出身地）の推移である。戦後

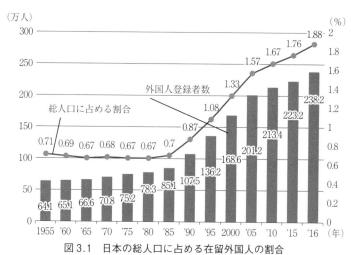

図3.1　日本の総人口に占める在留外国人の割合
出所：法務省ホームページ「在留外国人統計表」をもとに作成

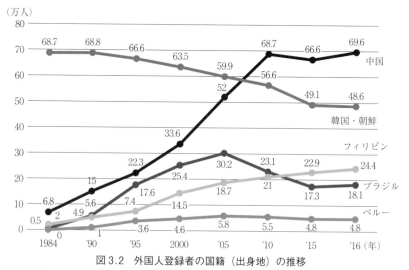

図3.2　外国人登録者の国籍（出身地）の推移
出所：図3.1と同じ

から1980年代前半までは登録者のほとんどを人口60万人台の在日韓国・朝鮮人が占める状態が続いていたが，1980年代後半以降からは中国人，ブラジル人，フィリピン人，ペルー人などの国籍が加わり，1990年代以降はその他の割合（1991年10%から2016年の42%へ）が増えて，外国人登録者の国籍の多様化が進んでいることがわかる。

（2）国際化の背景

1990年代以降の日本における外国人登録者数の急激な増加および出身国の多様化は，なぜ起こったのだろうか。その背景として，以下の4点があげられる。

① 1975年に日本では出生率が2.0人を割り，その後も減りつづけている。出生数が低下して子どもの数が減少する一方で，医療等の進歩により日本人の平均寿命が延び，高齢者の人口が増えていくことを少子高齢化という。1975年は日本社会の少子高齢化の開始年といわれている。同時に，少子高齢化社会は出生による自然増が低下して死亡者数を下回ることであり，人口減少社会の始まりでもある。将来的な労働人口の減少や社会保障の現役世代の負担増などの課題が生じてくる。

② 日本が1970年代後半に少子高齢化社会に突入していった一方で，1980年代のバブルによる人手不足解消のために1990年に改正出入国管理法が施行された。この改正により，ニューカマーと呼ばれるブラジル，ペルーなどの日系2・3世の南米人に，日本国内での求職，就労，転職に制限のない定住者ビザが付与されることとなった。日系人が日本の自動車工場など単純労働現場で働くことを可能としたため，仕事を求めて日本にやってくるブラジル，ペルーからの日系人が増加した。

③ 1993年より，外国人技能実習制度が始まり，農業や建設など幅広い分野で一定期間，発展途上国の外国人を受け入れることが可能となった。技能実習制度の本来の目的は技能の移転や国際貢献であったが，実際には3年間（2017年11月より5年に）の日本滞在・単身者であることなどの条件に

よって日本の労働力の不足を補う制度となっている。

④ 2009 年の戸籍法の改正により日本人の父親の認知があれば日本国籍が取れるようになり，フィリピンなど海外で暮らしていた母子の来日が増えた。

以上 4 点の根底にあるのは，前述①の日本社会の少子高齢化に伴う労働力不足であり，それを補うための外国人の受け入れである。今後，2020 年の東京五輪に向けた建設需要の増大や，不足する介護の担い手に外国人を受け入れるなど，さらなる日本社会の国際化が予想される。

（3）国際化による日本社会の直面する課題

1990 年の出入国管理及び難民認定法（以下，入管法）の改正，2009 年の戸籍法の改正，技能実習制度などを通じて，日本の在留外国人が増大し，その国籍も多様化してきた。まさに「日本社会の国際化」である。しかし，こうした外国人登録者数の増大の背景には日本の少子高齢化，労働力不足があり，それを補うための対応策であって，少子高齢化・人口減少社会を迎えた日本の社会を長期的に展望した移民政策，あるいは外国人を労働者として受け入れる抜本的な政策ではないという点である。

移民政策の場合には，移民とは「特に，労働に従事するための目的で海外に移住すること（『広辞苑』岩波書店，1998 年度版)」と定義されているように，主たる目的は生きていくための労働の機会の獲得である。しかし，移民として受け入れれれば，日本国内の社会保障や教育環境の整備が求められるために政策として確立していないのが日本の現状である。

では，こうした日本の現状のもとで，どのような問題が起こっているのだろうか。日本に居住する外国人が 230 万人を超え，そのうち約 108 万人が就労している（2016 年 10 月末)。就労している外国人のなかには家族を伴って日本にやって来た人もいる。したがって，親の日本での就労のために，日本に来た子どもたちの存在を見落とすことはできない。文部科学省 2014 年の統計では小中学生にあたる年代は約 10 万人である。また，10 万人のうち，小中学校に通う外国人は 6 万 5000 人であり，残りの 3 万 5000 人が外国人学校に通っている。

親の日本での就労に伴い日本に来日した子どもたちであるが，次のような教育を受ける権利（学習権）に関する課題がある。第一に，日本国憲法第 26 条「①すべて国民は，法律の定めるところにより，その能力に応じて，等しく教育を受ける権利を有する　②すべて国民は，法律の定めるところにより，その保護する子女に普通教育を受けさせる義務を負う。義務教育は，これを無償とする」と規定している。しかし「義務教育」の対象になるのは日本人だけであり，「外国人については就学義務が課せられていません」（文部科学省「帰国・外国人児童生徒等に関する施策概要」より；以下，文科省施策）と日本国籍をもたない（外国籍）の子どもには直接的に日本政府は責任を負っていないとしている。第二に，外国籍の子どもも「希望すれば日本の公立学校で無償で教育を受けることはできます」（文科省施策）。しかし，教育を受ける権利の対象外となってしまうので，授業で日本語がわからない，あるいは周囲の子どもたちとコミュニケーションが取れないなどの原因によって不登校になった場合には，行政からのケアなどが受けられない。第三に，日本語で行う高校受験の壁によって進学ができない，不登校へのケアの壁など教育を受けることによって得られる就業の機会を奪われてしまうなど，子どもの可能性を伸ばし，希望のもてる将来へとのつなげていく保障の道が制度化されていない。

2016 年度の文部科学省による調査では，全国の公立小学校に通う「日本語指導が必要な外国籍の児童生徒」は 3 万 4335 人，「日本語指導が必要な日本国籍の児童生徒（帰国児童生徒・日本国籍を含む重国籍の子ども・保護者の国際結婚により家庭内言語が日本語以外である子ども等）」は 9612 人で，4 万 3947 人の児童生徒が，日本語指導が必要な状態におかれている。日本語指導が必要な児童生徒のうち，日本語指導を受けている外国籍の生徒は 2 万 6410 人（76.9%），日本国籍の児童生徒は 7137 人（74.3%）であり，約 1 万 400 人の児童生徒が，日本語指導を受けていない状態にある。

文科省は，2014 年度から小中学校での日本語指導を「特別の教育課程」と位置づけ，通常の教科に替えて授業が組めるように規則を改正した。また，栃木県では公立高校を受験する外国人に学力試験を免除し面接で行う特別措置

（来日 3 年以内という条件付き）を設けたり，大阪府は高校入試の際に，数学，英語，母語による作文による特別入試で受験ができるような先進的取り組みを行う自治体も出てきている。しかし，高校入学後の日本語指導などのケアの課題も講じられる必要がある。

▶第 2 節　国連専門機関ユネスコの発足と国際理解教育

　親とともにやってきた外国籍の子どもたちに，教育を受ける権利に関して国籍を理由にした差別が及ぶこと，日本国籍があっても日本語指導など特別な指導を受けていないことなどは，1994 年に批准した子どもの権利条約第 28 条「教育への権利」からも改善されなくてはならない喫緊の課題である。しかし，上記の子どもたちの学習権をめぐる課題は，はたして当事者（親とその子どもたち）だけの課題なのだろうか。人口減少社会に入った日本の社会は不足する労働力を外国人に頼らざるをえない。したがって，子どもを含め増え続ける外国人を日本社会の構成員として受け入れる日本の社会の国際化は，異文化をもつ人々との共生（多文化共生）を自分自身の課題として捉えることが必要とされている。

　そこで，その課題に向き合う手がかりを示してくれるのがユネスコの「国際理解教育」である。第 2 ～ 4 節では，その成立と歴史を通して，国際理解教育とは何か，また国際化する日本社会にとってなぜ必要かを考察していく。

（1）国連専門機関・ユネスコの発足と国際理解教育

　第二次世界大戦中の 1945 年 6 月 26 日アメリカ・サンフランシスコで連合国50 カ国が世界平和と民主主義，人権の尊重を掲げた国際連合憲章に調印し，10 月 24 日には国際連合が創設された。国際連合の専門機関であるユネスコ（国連教育科学文化機関 本部・パリ）は翌年 1946 年 11 月に創設されたが，前年にユネスコ憲章を発表した。ユネスコ憲章の前文には，「戦争は人の心の中で生まれるものであるから，人の心の中に平和のとりでを築かなければならな

い」という有名な一節がある。これはさらに「相互の風習と生活を知らないことは，人類の歴史を通じて世界の諸人民の間に疑惑と不信をおこした共通の原因であり，この疑惑と不信のために，諸人民の不一致があまりにもしばしば戦争となった。ここに終わりを告げた恐るべき大戦争は，人間の尊厳・平等・相互の尊重という民主主義の原理を否認し，これらの原理の代わりに，無知と偏見を通じて人間と人種の不平等という教義を広めることによって可能にされた戦争であった」と続いていく。20世紀，2度にわたる世界的規模の戦争と原子爆弾の使用は，紛争の予防および解決の手段が，武力ではなく，「無知と偏見」の克服であり，そのために「文化の広い普及と正義・自由・平和のための人類の教育とは，人間の尊厳に欠くことのできないものであり，且つすべての国民が相互の援助及び相互の関心の精神をもって果たさなければならい神聖な義務である」というユネスコ創設の理念となった。

ユネスコ憲章原文でいう Education for International Understanding は，直訳すれば「国際理解のための教育」であるが，文化と教育による世界平和の構築というユネスコの理念の具現化であり，日本では「国際理解教育」の呼称で紹介された。

（2）戦後日本の教育とユネスコ・国際理解教育

第二次世界大戦は，日本のポツダム宣言受諾（1945年8月14日）によって終結する。占領期を経て日本の本格的な国際社会への復帰は1956年の国際連合への加盟であった。敗戦から国連加盟に至る11年間に，日本は，国民主権・基本的人権の尊重・平和主義を三大原則とする「日本国憲法」（1946年11月3日公布）を制定した。憲法第9条で，「武力による紛争の解決を放棄する（戦争放棄）」を，世界にとりわけ，かつて日本が侵略を行った中国・韓国をはじめとするアジアの国々に向けて示した。憲法第13条は，国家が教育を通して個人の内面に介入していった戦前の価値強制教育の反省のうえに「すべての国民は，個人として尊重される。生命，自由，幸福追求に対する国民の権利については，公共の福祉に反しない限り，立法その他の国政の上で最大限の尊重を必

要とする」と規定して，国家が人々の価値観に踏み込まない価値自由（自由権）を保障した。憲法第 26 条は，教育を受ける権利及び義務教育の無償化」を規定し，さらに法律によって義務教育を中学校（6・3 制）までとした。当時の世界で中等教育までを義務化していた国はアメリカのみであり（木村，2015：65）画期的なことであった。

1947 年 5 月 3 日の憲法施行に先がけて，同年 3 月 31 日には，「われらは，さきに，日本国憲法を確定し，民主的で文化的な国家を建設して，世界の平和と人類の福祉に貢献しようとする決意を示した。この理想の実現は，根本において教育の力にまつべきものである」と前文に記した「教育基本法」が制定された。さらに，「教育の目的は，あらゆる機会に，あらゆる場所において実現されなけれればならない」とした同法第 2 条の「教育の方針」は，学校教育以外も教育が行われると理解できるもので，のちのユネスコの生涯学習にもつながる内容である。教育を通じて民主的で平和な国家をつくろうとした日本の動きは，既述したユネスコの国際理解教育と重なり合うものであった。

後述するように，戦後日本では積極的な国際理解教育が行われていくが，そこには，「ユネスコ加盟は，敗戦後の占領下の日本において，平和な文化国家建設への希望であり，国際社会復帰への希望の窓」であるとする日本政府・文部省の方針があり，それゆえに，「ユネスコ加盟をめざし国際理解教育が推進された」（嶺井，2015：53）と述べられている。そして，国連加盟の 5 年前（1951 年 7 月），日本のユネスコへの加盟が実現した。

▶第 3 節　日本におけるユネスコ協同学校と国際理解教育の歴史

（1）日本国内における国際理解教育の推進

1952 年，第 7 回ユネスコ総会で「ユネスコ協同学校計画」が決議され，1953 年 11 月から「国際理解教育ないし異文化理解教育」（小林，2014：56）が加盟国 15 カ国，参加校 33 校によって実施されはじめた。日本ユネスコ国内委員会は「ユネスコ協同学校計画」への参加を決定し，ユネスコ発行の「協同実

験活動」（1952年）の報告書などを参考に「国際理解教育のための教育」を推進するため，国内から6校（1954年）が実験学校に指定されて活動が開始された。「実験活動」で扱う研究次第は，①「人権」分野，②「他国の理解」分野，③「婦人の権利」分野の3項目に共通化され，「国際理解のための知的理解と平和を目指す態度形成」が目標とされた。1957年には，6校の実験学校のほかに9校が研究校に指定されて，①「世界人権宣言」の分野では「原爆と平和」・「人権意識を拒む要因の研究」（1954年），「朝鮮人に対する偏見について」（1954〜55年），②「他国の理解」の分野では「フィリピン研究」「インドの人間解放過程」（1956年），③「婦人の権利」の分野では「わが国における女性の地位」「女性の権利に対する中学生の態度」（1955〜56年）などの題目で研究が進められ，「『実験的教育』から『実践的教育』へと転換（井伊，2015：60-61）」する積極的な活動が行われていた。

（2）国際理解教育の停滞と世界の潮流

1960年代には，実験校，研究校は「ユネスコ協同学校」として統一され，教育活動が行われていくが，「活動開始から15年余を経て，国内のユネスコ協同学校の活動は徐々に停滞」していった（井伊，2015：61）。

日本をはじめユネスコ協同学校の世界的な停滞に関して，1973年9月に，「ユネスコ協同学校事業20周年協同学校専門家会議」がカナダで開催された。会議では，①協同学校が地域に開き，現代社会に生かすためには協同学校が変わらなければならない，②日常生活に根差すべき，③構造的暴力の主要要因を説明すべき，④国際理解の捉え方は，国内の多民族多文化社会にいかされるべきなど国家間の問題の理解だけではなく，日常生活の課題や身の回り問題との関連化が図られるべきという方向性が打ち出された（井伊，2015：62）。この課題および方向性は，翌年1974年の「ユネスコ国際教育勧告」（「国際理解，国際協力および国際平和のための教育並びに人権および基本的自由についての教育についての勧告」「以下，「74勧告」）に反映され，協同学校間の地域的・国際的交流が推進されていった（井伊，2015：63）。

冷戦の時代にあって，ユネスコの多国間の協同を呼び掛けは，「心の中に平和のとりでを」という，ユネスコの活動理念を想起させるが，「74勧告」を受けて，1983年9月，「ユネスコ協同学校事業国際会議」（ブルガリア・ソフィア）が開催され，「どうすれば異なった地域（国々）の教員と生徒が，ともに現代世界の問題を検討し，可能な解決策について討論することができるか」を見いだす，「多国間国際協同実践」について話し合われた。そして，この具現化が「バルト海プロジェクト（Baltic Sea Project：以下，BSP）」であった。BSP発足の発端となったのは，スウェーデンのASPnet校（ユネスコスクール）が国内でバルト海の環境を学習する学校間ネットワークをつくり，フィンランドのASPnet校に共同実践を呼び掛けたことであった。1989年4月には，ヘルシンキで「バルト海地域環境教育プロジェクト」が開催された。このプロジェクトは，文化的・経済的・政治的に異なる地域の人々が「学びあうことの必要性」を「共通理解」として得ることとなった多国間国際協同実践であった（井伊，2015：63）。

　1990年，タイでEFA（Education for All, 万人のための教育）をめざす「万人のための教育世界会議」が開催され，非識字者を減らすこと，初等教育の普遍化などを目標とした「万人のための教育宣言」および「基礎的な学習ニーズを満たすための行動の枠組み」が決議された。さらに，1996年には，ユネスコ21世紀国際教育委員会が「学習─秘められた宝」において21世紀における学習の4本柱，「知ることを学ぶ」「行動することを学ぶ」「共生することを学ぶ」「人間として生きることを学ぶ」を示した（小林，2014：58）。

　ユネスコ憲章第1条「目的及び任務」において，「国際協定を勧告すること」，「教育と文化の普及とに新しい刺激を与えること」とある。世界的な協同学校の停滞期に「74勧告」によって多国間の協同を呼び掛け，さらに1996年の21世紀における学習の4本柱を提起するなど，まさにユネスコの活動は第1条の目的を確実に履行してきた。停滞から「74勧告」と，国際理解教育の多国間国際協同実践の世界的な動きが始まろうとしていた。

40　第1部　多文化・多民族共生時代の生涯学習を考えるために

▶第4節　国際理解教育の日本での動き

（1）「停滞」から再活性化へ

「74勧告」以降，地域的・国際的な国際理解教育の広がりのなかで，日本におけるユネスコスクール（ユネスコ協同学校）は，「1974年から世紀の変わり目までの約30年間，日本のユネスコスクールは長く停滞の時期が続き」，実施された国際理解教育は，「外国語学習，国際交流，帰国子女教育といったテーマを中心とした」内容であった。ユネスコスクールと国際理解教育は，「ばらばらに各自の道を進んでいた」といわれ，「日本で盛んになった国際理解教育は，ユネスコスクールが本来の中心課題としている国際間の共生や連帯意識の育成という視座よりは，むしろ外国語学習と国際人の養成」という日本社会のニーズを反映した「日本的な国際理解教育」だった（小林，2014：63-64）と評されている。

「74勧告」の年から，「日本の国際理解教育の国際的孤立化と内向化」（嶺井，2015：56）に向かい，「日本型国際理解教育」と評される方向に進んでいったといわれるが，では30年近い停滞期から再活性化していった背景とは何だったのだろうか。第一に，1996年7月の中教審「21世紀を展望した我が国教育の在り方について（第1次答申）」である。答申では，国際理解教育を「『国際化』に対応する教育の筆頭に位置づけ，『国際理解教育』を積極的に推進する」方向で提言しており，国際化に対応する教育のポイントとして，①異文化共生能力，②自己の確立，③コミュニケーション能力をあげていた。答申は，1998年の学習指導要領に反映されて，「総合的な学習の時間」が創設され，扱うテーマの1つに「国際理解」が例示された（嶺井，2015：57）。戦後，社会科や英語科を通じて国際理解教育は実践されていたが，「日本の教育課程の中で，初めて一つの領域として国際理解が提示された」（桐谷，2015：75）といわれる。第二に，2002年，日本が提案した「国連持続可能な開発のための教育の10年」がユネスコを中心に実施されることになった。これに伴い，ユネスコが示すAPSnetの学習領域は，①国際連合やASPnetの役割，②持続可能な開発の

第3章　日本社会の国際化と国際理解教育　41

ための教育，③平和と人権，④文化間学習へと改定された。また，2008 年か
らは ASPnet の訳語が「協同学校」から「ユネスコスクール」に変更された
（井伊，2015：65）。停滞期には 20 校前後で推移したユネスコスクールであった
が 2015 年 5 月には 705 校まで拡大していった（小林，2014：21）。第三に，日
本社会の国際化である。「国際化」とは，生産の国際的分業の進展により，国
家間の経済・社会の相互依存が高まり，もはや日本だけでは立ち行かなくなる
ことである。したがって，日本が少子高齢化・人口減少社会へと向かうなかで，
日本の社会に文化の異なる外国人を受け入れていく他国間との協同が必至と
なったことである。

▶第5節　日本に求められる国際化への課題

　本章第 1 節では，1990 年代から始まった日本社会の国際化とは，日本が少
子高齢化，人口減少化社会に向かっており，不足する労働力を補うために入管
法の改正や，技能実習制度などによって外国人を労働力として受け入れたこと
によるものであることを述べた。

　第 2 ～ 4 節では，ユネスコの国際理解教育について，下記のような見解を示
した。すなわち，ユネスコは国連の専門機関であり，平和の構築に文化と教育
によって，人間および人種間の無知と偏見をなくすことを理念として掲げ，そ
の具現化が国際理解教育（異文化理解教育）であったということである。ユネ
スコは「74 勧告」などを通じて「教育と文化の普及とに新しい刺激を与え」
てきたが，1965 年まで遡り同じくユネスコでのポール＝ラングランの「生涯
教育」の提起を国際理解教育とのつながりで捉えたときに，人間が平和を維持
してこそ，生涯学習は可能となると思われる。1990 年の「万人のための教育
世界会議」では，非識字者を減らす，初等教育の普遍化などが決議されたが，
はたして就学率の高い日本では「万人のための教育（EFA）」は他人事なのだ
ろうか。日本国内に目を向けたときに，日本にいる外国籍・日本国籍の子ども
で，日本語指導が必要でありながら指導が受けられない子ども，言葉の壁から

不登校になりケアの受けられない子どもがいる。また，日本の子どもの貧困率は，先進国でも高い。ここで想起したいのは「知ることを学ぶ」「行動することを学ぶ」「共生することを学ぶ」「人間として生きることを学ぶ」とした1996年のユネスコの21世紀の学習の4つの柱である。日本社会の国際化とは，まさに日本が他国との協同なしにはやっていけない国際化の時代を迎えるにあたって，次代を担う子どもたち，さらには日本人，外国人，日本に暮らすすべての人々が，国際理解教育の学習など権利としての学習を通じて，共生していく社会を創っていくことを提起しているのではないだろうか。　【宮崎　敦子】

［主要参考文献］
　①木村元『学校の戦後史』岩波書店，2015年
　②嶺井明子「戦後日本の文教政策と国際理解教育」国際理解教育学会編『国際理解教育ハンドブック―グローバル・シティズンシップを育む』明石書店，2015年
　③井伊直比呂「ユネスコスクール（ASPnet）の歩みと国際理解教育」同上書
　④桐谷正信「学習指導要領の変遷と国際理解教育」同上書
　⑤小林亮（2014）『ユネスコスクール』明石書店

第2部 世界の多文化・多民族共生と生涯学習の今

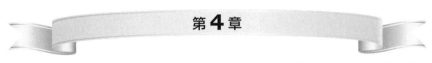

アメリカにおける多文化・多民族共生と生涯学習

　広大な国土に3億人を超える人口を擁するアメリカ合衆国は，先住民をはじめ，ヨーロッパやアフリカ，世界各国からの人々から成る多民族国家として知られている。連邦制を採用しており，各州政府が独自の法に則った教育政策を実施しているなかで，国民の多様性に対応した生涯学習の機会はどのように提供されているのであろうか。全米のなかでも最も人口の多いカリフォルニア州の取り組みを例に，米国の生涯学習政策について考えていきたい。

▶第1節　多文化・多民族国家アメリカ合衆国の特徴

　現在のアメリカ合衆国にあたる地域には，紀元前1万年ほど前に，シベリアから渡ってきた先住民たちが生活しはじめ，多様な文化が築かれていた。それから長い年月が経過し，1492年のコロンブスの西インド諸島上陸がきっかけとなり，ヨーロッパから多くの人が移住し，各地に植民地が建設されることとなる。その後，本国イギリスとの間に独立戦争が起こり，勝利した植民地側が1776年に独立を宣言し，アメリカ合衆国が誕生した。西部開拓を進め領土を拡大させたが，貿易体制や奴隷解放をめぐり，国の北部と南部の間に南北戦争が起こり，リンカーン大統領が奴隷解放宣言を行った北軍が勝利を収める。南北戦争後は急速な工業化を進め，米西戦争の勝利などにより海外にも領土を拡大していく。20世紀に入ると第一次・第二次世界大戦に参戦，その間経済面ではバブルが弾けて世界恐慌に陥った。第二次世界大戦後は，1991年にソビエト連邦が崩壊するまで冷戦が続き，朝鮮戦争，ベトナム戦争，キューバ危機などを経験する。2001年の同時多発テロ以降は，テロとの戦いが続いている。2008年，アフリカ系初となるバラク・オバマ大統領が第44代大統領に就任し

た。また，2017年には共和党のドナルド・トランプが第45代大統領に就任している。

　以上がアメリカ合衆国の略史である。現在，同国には，世界で3番目の面積を誇る962万8000km²の国土に約3億2300万人が暮らしている（US Census Bureau, 2016：7月推定値）。古くから移民国家として知られているが，その傾向は現在でも強く，2015年には1年間に約105万人が永住許可を得て米国へ移住した（US Department of Homeland Security）。民族別の人口構成をみると，白人が全人口の76.9%（2016年推定値，以下同様），黒人・アフリカ系が13.3%，インディアン・アラスカ先住民が1.3%，アジア系が5.7%，ハワイ原住民・その他の島嶼住民が0.2%となっており，その統計とは別に，どのカテゴリーにも属する可能性のあるヒスパニック・ラテン系が人口全体の17.8%を占めている。このような民族構成を反映して，言語的にも多様化が進んでいる。家庭で話されている言語に着目すると，住民の79%が英語，13%がスペイン語，3.7%がそのほかのインドヨーロッパ系言語，3.4%がアジア系言語，1%がそのほかの言語，つまり全体の21%が英語以外の言語を使って生活している（U. S. Census Bureau, 2016）。アメリカは国家としての公用語を設けていないが，全50州のうち31州が英語に公用語の地位を与えている。宗教に関しては，憲法修正第1条で国教が禁止され，信教の自由が保障されている。信仰する宗教別にみると，プロテスタント46.5%，無宗教22.8%，ローマカトリック20.8%，ユダヤ教1.9%，モルモン教1.6%，イスラム教0.9%，エホバの証人0.8%，仏教0.7%，ヒンドゥー教0.7%，その他1.8%，無回答0.6%となっており，キリスト教徒が全体の7割近くを占めている（CIA, 2014：推定値）。

　50の州とコロンビア特別区（ワシントンD.C.）から成るアメリカ合衆国は，各州政府が権限をもち，大統領が政治を執り行う連邦共和制を採用している。三権分立が徹底しており，立法，行政，司法は互いに独立した関係にある。立法を担う議会は，各州から2名ずつが選出される6年任期の上院と州ごとの人数配分に基づいた2年任期の下院から成る二院制である。行政を司る大統領の

任期は4年（再選は1回のみ可）で，国民に対して責任を負うほか，国軍の最高司令官という役割も併せもつ。司法については，州裁判所と，国の法律に基づいて裁判を行う連邦裁判所が設置されている。

▶第2節　アメリカ合衆国の学校教育制度

　アメリカ合衆国には，軍関係の士官学校や商船学校など以外は国立の学校がなく，国全体を統括する教育制度が存在しない。米国教育省の主な役割は，財政援助とそのモニタリング，調査・研究にあり，教育の目的，内容，方法，制度などを策定しているのは，独自の法をもつ各州政府である。さらに，公立学

ポスドク・研究（Postdoctoral study and research）			7
博士課程（Doctor's degree study）		プロフェッショナルスクール（Professionalschool）	6 高等教育
修士課程（Master's degree study）			5
職業・技術学校（Career technical institution）	2年制のコミュニティカレッジ/短大（2-year community college or junior college）	4年制の学部課程（4-year undergraduate program）	4 3 2 1
4年制高校（4-year high school）	高等学校（Senior high school）	中高併設学校（Combined junior/ senior highschool）	12 11 10 9 中等教育 8
ミドルスクール（Middle school）	中学校（Junior high school）		7 6
小学校（Elementary school）			5 4 3 2 1 初等教育
幼稚園（Kindergarten）	保育学校（Nursery school）		K

図4.1　アメリカ合衆国の学校系統図

出所：NCESウェブページ（Figure 1: The Structure of education in the United States）より筆者作成

校の実際の権限の多くは，教育行政単位である全米約1万3000の各学区に委ねられ，州政府や学区には教育委員会が設置されている。教育の財源は，連邦政府や州政府からの補助金以外は主に固定資産税によるそれぞれの学区の税収入でまかなわれている。そのため，資産価値の高い裕福な地域にある学区と経済的に貧しい地域にある学区との間には地域格差が生じている（二宮，2014：136）。

連邦政府による一律のカリキュラムが存在しないことから，義務教育期間や制度区分も州や学区によって異なる。義務教育は5〜7歳で開始，16〜18歳で終了となる。それに伴い，就学期間も州によって10〜14年とばらつきがみられる（NCES, 2015）。このような地域によって多様な学校制度を包括的に捉える概念として，近年ではK-12（幼稚園から12年生まで）という総称も用いられている。

　図4.1に示したアメリカの学校制度では，子どもは通常，保育学校を経て幼稚園へ進む。小学校卒業後は，①直接4年制高校へ，②若しくはミドルスクールを経て4年制高校へ，③中学校を経て高校へ，④中高併設学校という4通りの道が備えられている。その後，高等教育に進む者は，①4年制の学部課程，②2年制のコミュニティカレッジか短期大学，③職業・技術学校で学ぶ。4年制の学部課程で学んだ者は，修士課程を経て博士課程やプロフェッショナルスクールへ進学し，最終的には研究者の道を歩むことも可能である。

▶第3節　カリフォルニア州の生涯学習政策

　アメリカでは，「生涯学習（life-long learning）」よりも，よりターゲットとなる年齢層が明確化された「成人教育（adult education）」という言葉がよく用いられている。したがって，連邦教育省のなかで生涯学習にかかわる部署も，キャリア・技術・成人教育局であり，さらに局内には，成人教育・識字課と学術・技術教育課がおかれている。いずれも各州に資金を提供し，その後のモニタリングを行うといった業務を主とし，2年制のコミュニティカレッジについ

ても同局が管轄している（OCTAE, 2017）。

　成人教育にかかわる法の1つとしてあげられるのが、成人教育および家族識字法である。また、職業訓練や職業あっせんに関する法である労働力投資法も大きく関係しており、2014年に労働力革新機会法へと改訂されたことにより、各州政府もそれぞれ成人教育計画の見直しを行った。とりわけ、米国最大の成人学習者を擁するカリフォルニア州では、州教育省の成人教育局が改訂法に基づいた計画を策定している。同州では、1856年にサンフランシスコ教育委員会の提案により、はじめて成人教育が開始された。国内でも移民人口が最も多い州であり、ヒスパニック系64.4%、アジア系15.7%と成人学習者の民族構成にもその特徴が表れている。また、全米の非英語話者の4分の1をかかえていることから、州内の成人学習者の60%がESL（＝ English as a Second Language, 第2言語としての英語）プログラムに登録している。また、州には高校卒業資格をもたない成人が610万人おり、さまざまな面において成人教育へのニーズは高い。

　成人教育および家族識字法では、①教育面で恵まれていない低所得者、②障がい者、③子をもつ独身者と収入を得る途を閉ざされた主婦、④限られた英語能力を含めた、教育に多くの障がいをかかえる人、⑤矯正機関にいる犯罪者やそのほか収監者、の5つのグループが成人教育の対象者として想定されている。教育面で恵まれていないというのは、主にテストにおいて8学年レベルを下回るスコアを示す成人が該当する。カリフォルニア州では、成人の16%が高校の卒業証書を手にしておらず、そのことは失業率の増加や低所得にもつながっている。そのため、同州は国内で最も貧困率の高い州でもあり、100万人以上の生活保護者をかかえている。その多くが成人の独身女性移民であり、州の人口の27%が外国生まれであることから、ESLや市民権に関するプログラムが必要とされる。また、刑務所の3分の1の受刑者が6学年の学力レベルにあるため、刑期を終えた人が社会復帰することを目的として、刑務所やそのほかの矯正施設においても教育の機会が用意されている。

　これらの成人の学習対象者に対し、州内の138の学区、21の地域社会組織、

20 のコミュニティカレッジ区，5 の郡教育機関，9 の図書館識字プログラム，2 つの州機関（カリフォルニア矯正・リハビリテーション部とカリフォルニア州発達サービス部）が各種プログラムを提供する。これらは連邦政府のプログラムに関連した機関であるが，財政的には連邦政府よりもむしろ州政府から多くの資金を得て活動している。各機関は，18 歳以上の成人学習者に対し，主に次の内容のプログラムを提供している：①成人基礎教育（1 年生から 8 年生に相当するレベルの読み書きと計算），② ESL（6 つのレベルに基づいた学習），③第 2 言語としての職業英語と職業成人基礎教育（職業訓練としての ESL と職業訓練を行い，就職後も支援），④成人中等教育（高卒資格を取得するためのカリキュラム），⑤英語識字と市民教育（市民権取得のためのプログラムと，ESL に統合された米国政府や歴史などを学ぶプログラム）。なお，これらプログラムは，毎年連邦教育省へ進捗状況を報告することが義務づけられているため，成人教育の有効性は学習者のパフォーマンスや中等学校の卒業証明などにより評価される（CASAS, 2015-2016）。

▶第 4 節　成人学校が提供する成人教育

　ここでは，成人教育の提供機関の 1 つである成人学校（Adult School）に注目したい。成人学校は，各学区によって運営されている。カリフォルニア州の場合，成人教育の提供機関として全体の 6 割以上を占めているのがこの成人学校の学区である（CASAS, 同上）。サンフランシスコに程近いアラメダ郡にあるバークレー成人学校は，1881 年に創設された歴史ある成人学校である。バークレー統一学区と北アラメダ成人教育コンソーシアムに属し，数多くの成人教育講座を提供している。成人学習者に，安全かつ協力的，多文化的な環境の下で，生涯学習への平等なアクセスを提供することを使命とする（Berkeley Adult School, 2017）。同校では各種講座に加え，ライフスキルに関するアドバイスも行われている。家庭や育児，医療，フードスタンプ，法や移民，個人的な問題についての相談のほか，雇用やコミュニティカレッジの情報提供などがさ

表4.1　バークレー成人学校の ESL クラス

午　前 （8：25-11：35）月～金	午　後 （12：35-15：45）月～金	夕　方 （18：20-21：30）月～木
読み書きクラス		読み書きクラス
読み書き後クラス		読み書き後クラス
初級クラス	初級クラス	初級クラス
初上級クラス	初上級クラス	初上級クラス
中初級クラス	中初級クラス	中初級クラス
中上級クラス	中上級クラス	中上級クラス

出所：Berkeley Adult School-Class Catalog p. 7 より筆者作成

れている。また，学内のある教室には「北部都市ワンストップキャリアセンター」が設置され，仕事探しのワークショップや履歴書を書く際のサポート，面接の練習，ジョブフェア，カウンセリングなども実施されている。成人教育講座には，ESL，成人中等・基礎教育，職業技術教育，生涯学習プログラム，障がいのある成人向けプログラム，コミュニティ教育クラス，土曜コミュニティクラスとワークショップがある。いずれにしても，学校では，個々人が明確な学習目標をもち，それを達成することが求められている。

　ESL 講座は移民を対象としているため，講座案内が一部スペイン語で書かれている。表4.1に示したように，バークレー成人学校では，読み書きクラス，読み書き後のクラス，初級，初上級，中初級，中上級クラスまでが設けられており，授業料はすべて無料である。講座は8月末に始まり，希望者はプレイスメントテストや3時間のオリエンテーションを経て，受講を許可される。なお，授業への定期的な出席がかなわない者や2週間以上欠席した場合，単位は与えられない。クラスには午前，午後，夕方の時間割が設定されており，午前と午後は週5日，夕方は週4日の授業日数となる。現在，25名の教員が指導にあたっている。ESL の中上級クラスを終え，さらなる高みをめざす学習者向けに，特別 ESL クラスも設置されている。そのなかの就職・進学準備クラスで

は，英語（会話，読解，作文），数学（分数，小数点，百分率，代数入門），学術用語などが教えられ，大学への架け橋クラスでは，大学進学希望者により，読解やアカデミックライティング，コミュニケーション能力の獲得がめざされる。いずれのクラスにおいても，入室に際しプレイスメントテストを受ける必要がある。そのほか，初上級から中上級者を対象とした米国英語の発音クラスや，3〜5人が1グループとなってオンライン上で参加する遠隔学習クラスなども開講されている。

　成人中等・基礎教育には，基礎教育プログラムと，高校卒業資格取得へ向けた準備プログラムがある。バークレー成人学校は高卒資格に関する機関（WASC：Western Association of Schools and Colleges）から認証を受けており，学習者は，学校で175単位を取得したあと，GED（General Educational Development，1科目35ドル，コンピューターベース）やHiSET（High School Equivalency Test，1科目25ドル，ペーパーベース）という認定試験に合格することでカリフォルニア州の高卒資格を得ることができる。基礎教育に関しては，読解，作文，コンピューターのクラスが週3回3時間，数学とコンピューターのクラスが週2回3時間，読解，作文，数学のクラスが週2回3時間，それぞれ開講されている。また，高卒資格試験であるGEDやHiSETの準備講座には，読解，作文，社会科学，科学の個別支援クラスが週5回3時間，数学の個別支援クラスが週1回2時間半開かれている。そのほか，英語フォーラム，数学フォーラム，科学・生物学フォーラム，社会科学フォーラムなど教科別のクラスも設置されており，学習者は自らのニーズに合わせた受講が可能となっている。

　職業技術講座は，すでに就業している人がスキルアップをめざして受講することが想定されており，学習者は数あるクラスのなかから自分の職業と関連したコースを選択する。ほとんどの講座がコンピューター関連だが，カテゴリー別に分けると，①コンピューター基礎，②キャリア準備，③会計担当者（バークリー成人学校認定プログラム），④アドビ関連，⑤アドビ・フォトショップ，⑥ウェブ，⑦ビデオ，⑧医療健康キャリア，⑨フードサービス関連のコースと

なる。受講料はクラスによって異なり，週2回×3時間の2カ月クラスで95ドル，1年半の緊急医療技術者クラスでは1250ドルを支払う必要がある。

　学校ではこのほか，主に高齢者向けの生涯学習講座も開講されている。楽しみながら学ぶという要素が強く，バロック古典音楽，コンピューターワークショップ，絵画，記憶のトレーニング，フィットネス・ダンス，ストレッチなど全30講座が，バークレー成人学校のほか，コミュニティセンターや公園，シニアセンターなどで開かれている。また，障がいをもった成人向けのプログラムやコミュニティ教育，土曜コミュニティ教育クラスやワークショップもあり，とくにコミュニティ教育クラスは，登録学生の人数に基づいて受講料や時間などが決定する。このように，学校ではさまざまなクラスが提供されているが，無料となるESLと成人基礎教育，高校卒業証明・資格講座以外は受講料を支払わなくてはならない。学区外に居住している場合も受講は可能であるが，学習者は18歳以上である必要がある（Berkeley Adult School, 前掲）。

▶第5節　カリフォルニア図書館識字サービス

　図書館における識字サービスも，カリフォルニア州における成人教育施策の1つである。識字は図書館の正規の，かつ核となるサービスであり，実施を通じて図書館がより地域に可視化されることで，そこに新たな利用者を呼び込み，住民同士の友好関係を高めることが期待されている。識字サービスには，①成人識字サービス，②英語と識字インテンシブ，③移動図書館識字サービスがあり，いずれもボランティアらによって無料で提供されている。このようなサービスが存在する背景には，合衆国全体で識字支援を必要としている成人3600万人のうち400万人がカリフォルニア州民であること，1983年以降に12学年まで学校で学んだ成人のうち1000万人が基礎的な読解力を欠いていること，親が低識字者であった場合，子にも受け継がれやすい傾向があることがある。2014年にはこのサービスを利用して，年間2万人が学んだ。しかし，ボランティアの不足ゆえに，受講の順番待ちリストにはなお4000人が登録している

状況にある。米国におけるプロジェクトは官民含め，さまざまな機関からの競争資金などにより成り立っているものが多く，財政的に安定性を欠き，状況によっては継続がむずかしくなる場合もある。このサービスも官民さまざまな機関から資金が提供されて実施へ至っているが，州と地方レベル双方が継続性を保ちつつ，地元の識字ニーズに応じたサービスを提供している。

なかでも，成人識字サービスは，カリフォルニア州内の公共図書館で30年間にわたって行われてきた取り組みである。図書館が州政府から資金を得て活動を行っているがゆえに，学習者が16歳以上で高校などに就学中でないこと，英語で面接を受けられること，個人の識字目標が明確に設定されていることなどが求められる。識字学習の希望者は，面接やテストを経て，ボランティアから個別指導や小グループ，コンピューターを用いた識字指導を受ける。こうしたボランティアチューターにもトレーニングの機会が与えられており，カリフォルニア図書館識字サービスのウェブページからはデジタル化（PDF）された指導用資料や教材などをダウンロードして用いることも可能である。ボランティアは，成人学習者が自ら設定した目標に向かって学習を進めているか否かをチェックし，その進捗状況を報告しなくてはならない。たとえば，アラメダ郡図書館では，ボランティアチューターの応募資格として，18歳以上であること，英語の読み書きに支障がないこと，辛抱強くてやる気があること，少なくとも6カ月間は継続できること，月刊レポートや評価をきちんと完成させることができること，チュータートレーニングセミナーに参加できることをあげているが，学位や証明は必要とされていない（Alameda County Library, 2017）。いっぽう，図書館職員であるリテラシースタッフは，学習者の募集，ボランティアと学習者の調整やサポートを主な業務とする。この識字サービスは，カリフォルニア州立図書館と市町村図書館システムとの協力関係のもと，州内800カ所以上で実施されている。また，5歳以下の子どもをもつ学習者には，追加で家族識字サービスを提供する場合もある。

英語と識字インテンシブは，2000年より開始された図書館と学校とを結ぶ公的な取り組みである。英語を学ぼうと努力している生徒の識字能力テストの

スコアを上げるために，図書館が学校の手助けをする。図書館を利用した英語学習を促すために，ゲーム，フィールドトリップ，ゲストスピーカーによる講演，おはなし会，放課後の宿題の手助け，芸術，工芸，音楽などを通して，子どもたちに英語に親しむ機会を提供している。これらのサービスは，保護者たちにも働きかけを行っており，たとえば，子どもの教育に積極的にかかわること，保護者自身をESLにつなげ，彼らの英語習得の手助けをすることも同時に目的としている。また，米国に暮らして間もない多くの家族に，公共図書館やそのほか彼らが利用可能な地域の資源を知ってもらうこともこの取り組みの重要な役割の1つである。

　移動図書館識字サービスは，移動図書館の車を用いて，0～5歳までの子どもとその保護者に識字プログラムを提供している。車は低所得者層が住む住宅，移民キャンプ，地域のデイケアセンター，ヘッドスタートプログラム，レクレーションセンター，家族資源センター，地域健康クリニックを訪問する。車の中では図書館と同様に人形劇や本の貸し出しや，保護者に対しても読み聞かせの手本となるようなプログラムが行われるので，子どもたちは家庭で継続して学ぶことができる。また，移動図書館は電力を搭載した車であるため，コンピューターをもたない家庭がマウスやキーボードに触れ，就学前の子ども向けソフトを体験することも可能である。子どもの後の識字や学習の基盤は早期からの読み聞かせや本に親しむことにより形成されることから，カリフォルニア州では就学前児童に対しこのようなサービスが提供されているのである。

【大谷　杏】

［主要参考文献］
　①二宮皓編著『新版　世界の学校―教育制度から日常の学校風景まで』学事出版，2014年
　② Alameda County Library, Adult Literacy（http://guides.aclibrary.org/literacy）.（2017年9月7日確認，以下同様）
　③ Berkeley Adult School（http://bas.berkeleyschools.net/）
　④ Berkeley Adult School, Class Catalog: August 29, 2017-January 26, 2018 （http://bas.berkeleyschools.net/wp-content/uploads/2017/06/BAScatalog17fall.pdf）

⑤ CLLS: California Library Literacy Services（http://libraryliteracy.org/）
⑥ CIA: Central Intelligence Agency, World Factbook, United States（https://www.cia.gov/library/publications/the-world-factbook/geos/us.html）
⑦ CASAS: Comprehensive Adult Student Assessment Systems, California WIA, Title II Annual Performance Report 2015-16（https://www.casas.org/product-overviews/research-and-evaluation/california-state-reports-and-research-briefs）
⑧ U.S. Census Bureau, QuickFacts（https://www.census.gov/quickfacts/fact/table/US/PST045216）
⑨ NCES: U.S. Department of Education, Institute of Education Sciences, National Center for Education, State Education Reforms, Table 5.1. Compulsory school attendance laws, minimum and maximum age limits for required free education, by state: 2015（https://nces.ed.gov/programs/statereform/tab5_1.asp）
⑩ OCTAE: U. S. Department of Education, Office of Career, Technical, and Adult Education（https://www2.ed.gov/about/offices/list/ovae/index.html）
⑪ U.S. Department of Homeland Security, Immigrant Year Book 2015（https://www.dhs.gov/immigration-statistics/yearbook/2015/table1）

第5章

カナダにおける移民・先住民の成人教育

　今やカナダの人口の5分の1を占める移民は，国際経済競争時代におけるカナダ社会の成長と維持を支える存在として，より大きな期待が寄せられている。また，先住民は今後の社会の中心的役割を担っていく若年層の割合が高い。カナダでは，移民と先住民の教育の充実が，生涯学習社会づくりの成功に結びつくといっても過言ではない。本章では，多文化・多民族共生時代の生涯学習の先進事例としてカナダの移民および先住民を対象とする成人教育を取り上げ，その実態と課題を考察する。

▶第1節　多文化・多民族先進社会カナダ

　カナダは古くから積極的に移民を受け入れてきたこと，英語とフランス語の2つの公用語の制定，1971年の多文化主義政策の導入，独自の言語・文化をもつファースト・ネーションズ，イヌイット，メティスといった人々を先住民として憲法で承認するなど，多文化・多民族の共生が図られてきた社会である。

　北アメリカ大陸の北部に位置するカナダは，世界第2位の国土面積を誇る。その広大な国土は天然資源や土壌に恵まれ，漁業と毛皮交易に至便な地であったため，17世紀のフランスからの植民者移住に始まり，1867年のカナダ連邦の成立（建国）以降も，連邦政府が計画的に移民を受け入れてきた。

　建国後しばらくは，ヨーロッパ諸国からの移民を優先する人種差別的な移民受入れが行われていたが，1960年代以降，国際社会で人権の重要性の認知が進んだこと，出生率低下と労働人口減少に直面する将来を見すえて移民を人的資源として捉える議論が始まったことにより，移民法から人種差別的条件が撤廃され，移民制度は再編されていった。1967年の移民法改正時には，カナダ

経済の発展に貢献しうる移民の優先的受入れを趣旨として，移住希望者の年齢，学歴，職能，公用語運用能力などを点数化し審査するポイント制を導入した。

また，この時期は，ケベック州に住むフランス系の住民が政治的・経済的に優位なイギリス系住民との間にある社会的格差の是正を求めた社会運動，いわゆる「静かな革命」が進行したころと重なる。「静かな革命」への対応として，連邦政府は，フランス系の文化の保障と社会的地位の向上をめざす二言語二文化主義を提案したが，ウクライナ系やドイツ系などのほかの民族集団からの強い反発もあり，最終的に英語とフランス語の二言語主義の枠組み内でほかの民族集団の重要性も認める多文化主義政策が1971年に宣言された。

国家レベルでは世界初となるカナダの多文化主義政策は，「カナダのすべての文化集団に対する公的援助の実施」「社会参加にあたって生じる文化的障害の克服」「国家統合を目指した民族集団間の相互交流促進」「移民の社会参加に向けて公用語のうち少なくとも1つを習得することの奨励」という4つの目標を掲げた。その後，実践の遅れや不十分な内容に対する社会からの非難を受けながらも，政策の重点を文化の尊重・保護から反差別・格差是正へと転換させて発展を遂げてきた。そして，1988年には多文化主義政策の法的な基盤となる多文化主義法が制定されるなど，多文化主義政策は現在でもカナダ社会全体の社会統合理念として国民に共有されている。

連邦政府は，経済不安に対する世論の不満が蓄積されていた1980年代に，カナダ経済への貢献が期待できる経済移民の受入れ増加へと移民政策の重点を移し，現在も，少子高齢化を背景とした人口政策や熟練労働者の確保を目的に，連邦政府が年間25万人程度の移民受入れ目標数を設定している。この移民受入れによってカナダは人口が増えつづけており，2017年7月時点の総人口は過去最高の約3670万人（カナダ統計局推計）に上る。外国生まれの住民（移民）の総人口に占める割合は20.6%（2011年）であり，カナダはオーストラリアの26.8%に次ぐ世界最上位レベルの移民受入れ国である。移民の出身国は200カ国近くに上り，カナダの人々に話されている言語は，公用語の英語とフランス語以外に200言語以上といわれる。経済移民の移民全体に占める割合は年々

増加し，経済移民受入れ政策が強化された 1990 年代半ば以降は，毎年 5 割を超えている。また，移民は労働年齢層に占める人口が多く，16〜65 歳の年齢層人口の 22%が移民であった（2011 年）。

　先住民についてみると，先住民のカナダ人口に占める割合は上昇傾向にある。1996 年から 5 年ごとの数値は 2.8%→3.3%→3.8%と上昇し，2011 年には 4.3%に達した。先住民は非先住民と比べて出生率が高く，先住民人口自体も増加している。先住民の州民人口における占有率は，準州で高い。また，集団内に占める 25 歳以下の若年層の割合が非先住民の 29%に対して先住民は 46%，年齢の中央値が非先住民の 41 歳に対して先住民は 28 歳と，先住民は比較的若い集団である。

▶第2節　カナダの教育制度と生涯学習の概念

　カナダは連邦制をとっており，10 州と 3 準州で構成される。州に教育の権限があることが憲法に規定されているため，各州が独自の教育制度をもつ。教育関連法，学校体系，教育委員会制度，カリキュラム，義務教育の開始年齢・年限，中等教育修了要件，私立学校への公費補助率，成人教育に関する政策や法制度も州ごとに異なる。カナダの多くの州では教育関連の行政機関を，初等・中等教育を担当する省と高等教育および成人教育の担当省に分けて設置している。なお，指定保留地であるリザーブに住む先住民の教育は，連邦政府が先住民の運営する学校に補助金を支給するかたちで管轄している。

　このようにカナダの教育制度は，先進国で唯一，中央政府に教育関係の部署がなく，州の独立性が高い分権体制をとることを特徴とする。しかし，2000 年以降，連邦政府の主導あるいは各州の協力・連携体制によって，全国レベルで教育問題を扱う動きが活発化しており，生涯学習についても同様の協力・連携が始まっている。2002 年に連邦政府が主催し，国内の産学官の各界の代表者を集めたイノベーションと学習に関する全国サミットでは，カナダを学習と向上が継続的に行われる学習社会とすることが宣言された。その事業推進のた

めに連邦政府が設置したカナダ学習評議会は，生涯学習の毎年の進捗・成果を測る指標を開発し，2006年には世界初となる複合学習指数（CLI）を発表した。CLIは高校中退率，職業訓練参加時の平均通学時間，市民のボランティア活動への参加率等の17の指標をもとに，カナダの市町村の生涯学習のスコアを測定・分析する事業であった。CLIは連邦政府の財政支援打切りにより2010年までの5年間のみの運用だったが，ヨーロッパ各国の生涯学習の進捗状況を測る指標としてのちに開発された欧州生涯学習指標（ELLI）のモデルとなる世界の先進事例であった。

　また，現在，カナダの各州間で共通に理解が図られている生涯学習の概念として，カナダ教育担当大臣協議会（CMEC）による生涯学習社会づくりに向けての全国的展望「学習社会カナダ2020（Learn Canada 2020）」がある。CMECは，各州の教育大臣が情報交換や相互協力を行う場として1967年から組織されているが，2000年前後から分権体制を尊重しつつ，全国学力調査の実施などで州間の協力・連携が進められている。「学習社会カナダ2020」は2008年に発表されたもので，「幼児期の学習と発達」「小学校から高校までの学校教育制度」「中等後教育」「成人の学習とスキル開発」を生涯学習の4本柱に位置づけている。これら4本柱の枠組み内で「リテラシー」「先住民教育」「中等後教育の安定化」「持続可能な開発のための教育」「教育に関する情報の国内外への発信」「公用語」「学習評価や到達度評価の基準の導入促進」，「教育に関するデータ収集と分析の方針策定」の8つの活動領域とそれぞれで果たすべき目標が定められている。

　このようにカナダでは全国レベルで，生涯にわたって継続的に学習が行われる社会となることがめざされ，幅広い年齢段階を想定した生涯学習社会の取り組みが提案されている。こうした考えに基づけば，特定の年齢段階に限定せずに，多文化・多民族社会カナダの生涯学習の実態を論じることが望ましいが，紙幅の都合により，本章では成人教育に絞って移民および先住民にかかわるカナダの取り組みを論じていくこととする。

第5章　カナダにおける移民・先住民の成人教育　59

▶第3節　移民と先住民の成人スキル

　2008 年にカナダ統計局が実施した調査によると，18〜64 歳の成人のうち 2007〜2008 年の 1 年間で何らかのかたちで公的な教育プログラムに参加したと回答した人は，47％に達した。連邦政府が 1960 年に実施した成人教育に関する初の全国調査では 17 歳以上のカナダ人で何らかの成人教育プログラムに参加している人の割合がわずか 4 ％だったことから考えても，成人教育は現代のカナダ社会に広く浸透しているといえる。

　分権体制をとるカナダでは，成人教育の内容，提供方法などは州ごとに異なる。成人対象の基礎スキル向上プログラム，移民などの新規入国者向けの公用語学習プログラム，地域レベルやボランティアによる成人リテラシー学習プログラム，職業教育，職業実習プログラム，従業員教育が，各州で実施されている主な成人教育の例である。ほとんどの州が成人教育関連政策の推進において特定の学習者集団をターゲットに定めており，多くの州で移民，先住民は若者，失業者，障害者と並ぶ成人教育政策のターゲット集団とされている。

　カナダでは民族集団間の社会経済的な格差があることが 1960 年代から指摘されており，移民および先住民とそれ以外の人との間に存在する格差も近年増えた各種社会調査で立証されるようになった。先住民の場合，非先住民と比較すると，失業率や低賃金労働従事者の占める割合が高く，大学卒業資格をもつ就労者の占める割合が低い。

　また，1990 年代以降に始まり，カナダも参加している成人のリテラシーや社会生活に必要な基礎スキルに関する国際調査でも，移民や先住民の成人は社会で生活するために必要なスキルについて不利な状況にあることが報告されている。カナダ統計局と OECD が中心となって開発し，成人のリテラシーに関する世界初の国際比較調査として 1994 年に実施された国際成人リテラシー調査（IALS）では，16〜69 歳のカナダ人の半数近くが，知識や情報を基盤とする今日の経済社会についていくためには不十分なリテラシー能力であった。同時に，カナダを含む IALS に参加した 7 カ国すべてで，最低位のレベル 1 に位

60　第 2 部　世界の多文化・多民族共生と生涯学習の今

置する移民の割合が非移民よりも高いことがわかった。

　2003 年には，IALS をふまえて成人リテラシーとライフスキル調査（ALL）が開発され，6 カ国の 16〜65 歳の成人を対象に，文章リテラシー，図表リテラシー，数的リテラシー，問題解決力の 4 領域の能力とその背景要因を探るための調査が行われた。カナダの全体の結果は予想とは異なり，1994 年の IALS とほぼ同程度の 42% の成人が日々増える情報に対応するには不十分なリテラシーであった。また，カナダの公用語の 1 つであるフランス語の話者（「公用語マイノリティ」と呼ばれる），先住民，移民の 3 つのマイノリティ集団の能力が考察され，いずれの集団もカナダ全体平均よりも低いことがわかった。

　現在は IALS と ALL を発展させた国際成人力調査（PIAAC）が実施されており，16〜65 歳の成人を対象に社会生活で求められる能力のうち，読解力，数的リテラシー，IT を活用した問題解決能力の 3 領域の習熟度が測定されている。日本を含む 24 の国と地域が参加して 2011〜2012 年に行われた初回のPIAAC のカナダ国内報告書は，ALL のときと同様に，調査に参加した各マイノリティ集団の得点を分析している。読解力と数的リテラシーでは全国的に先住民が非先住民より低いが，問題解決能力では先住民と非先住民間にほとんど差のない州もあった。このように PIAAC は州間で顕著なちがいがみられる領域があること，また，調査対象がリザーブ以外に居住する先住民のみだったことなどから，カナダ全国の先住民の実態を正確に表していないという指摘がある。だが，概して，カナダの先住民の成人スキルは非先住民よりも低いことがわかった。移民に関しては，カナダに移住して 10 年以内の移民，10 年以上の移民，カナダ生まれの 3 つの集団間の得点の比較が行われ，移民のほうがカナダ生まれより低位レベルの人が多く，移民とカナダ生まれの間の格差の存在が明らかになった。

　これらのことを説明する要因は明らかでないが，公用語で調査が行われたため移民や先住民は母語で参加できなかったことが移民および先住民の苦戦の理由と考えられているほか，CMEC や連邦政府の報告書は先住民の成人スキルについて以下のように推測している。たとえば，PIAAC では先住民と非先住

第 5 章　カナダにおける移民・先住民の成人教育　61

民の両方で高学歴の者が高得点を取る傾向が認められたことから，成人スキルは学歴と強い関連性をもつと考えられている。先住民は中等後教育修了率が低いため，このことが先住民の成人スキルの得点の低さに影響を与えている。そして，本人が16歳の時点の家庭の所蔵図書数と成人スキルの得点との間に関連性があるという仮説から，先住民は家庭の教育環境に恵まれない者が多いため，成人になったときのスキルも非先住民と比べて低い傾向にある。

　カナダの歴史上，先住民は社会経済的に低い地位におかれてきた。カナダ政府はリザーブでの生活の保障を先住民に約束すると同時に，リザーブ外への移住や参政権を認めないといった条件を先住民との間に結び，差別的な管理と西欧文化への同化政策を進めた。1870年代には先住民同化政策の一環として，寄宿舎学校制度が始められた。寄宿舎学校は建国以前よりキリスト教系宗教団体が設立し，その後，連邦政府が直轄学校としたもので，寄宿舎学校に強制的に入学させられた先住民の子どもは先住民言語の使用を許されず，英語による教育を受けた。学校内では，体罰や虐待も横行していたという。

　一連の管理と政策により，先住民は母語の継承の困難さ，低学力，中途退学，進学・就職率の低さなどのさまざまな問題をかかえ，リザーブでは住環境の劣悪さ，アルコール中毒，失業の問題が蔓延していた。その後，先住民の自治権の回復や政府による保健医療サービスを中心とする方策がとられことにより，子どもの進学率の大幅な向上，失業率の低下といった改善がみられるようになった。しかし，現在も失業率，貧困率，自殺率の高さのように非先住民との間に社会経済的な格差が存在している。また，学齢期の子どもも，低い学力や進学率，中退率の高さなどの課題を依然かかえており，先住民の子どもは，カナダに移住して間もない移民家庭の子どもと同様に多くの州で危機にある存在（student at risk）として認識されている。

　カナダ教育担当大臣協議会CMECは州間の協力・連携体制を強めつつあった2004年に先住民教育を優先課題とし，翌2005年には先住民教育行動計画を発表して課題に取り組んできた。先住民教育行動計画では，①先住民教育のベストプラクティスの情報を共有する，②客観的根拠に基づく意思決定力の強化，

62　第2部　世界の多文化・多民族共生と生涯学習の今

③先住民教育における教員養成の3点が全州共有の目標とされた。2008年には，連邦政府が過去の寄宿舎学校制度にかかわり先住民への公式の謝罪を表明し，それに伴い，カナダ全国で各レベルの政府・自治体は先住民に適切な教育を提供することが求められるようになった。こうしたなか，CMECは既存の先住民教育行動計画の3つの目標に「より積極的な参画を連邦政府に促す」という4つ目の目標を加えた先住民教育事業計画を2011年に発表し，引き続き，全州で連携を取りながら先住民教育の課題解決に取り組んでいる。

　いっぽう，移民についても，先に述べたように各種調査で非移民（カナダ生まれの人）との間に成人スキルの格差が存在することがわかっている。しかし，カナダの成人移民は，先住民ほどの深刻な状況には直面していない。たとえば，IALSでは移民のなかに高リテラシーの人が一定程度含まれており，これはカナダのみの傾向であった。カナダ以外の国ではレベル4または5の高位のリテラシーをもつ成人の占める割合は非移民のほうが移民よりも高かったが，カナダでは逆の傾向を示し，移民が非移民を上回っていた。ILASの国内報告書は，高リテラシーの移民が多い理由として，高学歴や公用語能力を備えた移民を優先的に受け入れるポイント制度に基づく現在の移民政策の影響をあげている。経済移民は，カナダ経済への貢献を目的にポイント制度で選抜されているため，カナダ社会での就労に必要な学歴，公用語能力，職能はすでに身につけており，カナダ人と同等の社会経済的背景をもつ人が多い。なお，こうした経済移民の受入れは，公用語教育や社会適応支援プログラムのような移民の社会統合にかかるコストの抑制につながっていると指摘されている。

　また，成人の読解力や数的リテラシーを調査したPIAACでは，先住民や非先住民と同様，移民についても高い学歴をもつ者ほど高得点をとる傾向が認められた。さらに詳細に分析すると，カナダで学位や資格を取得した人の得点のほうが海外で取得した人の得点よりも高かった。このことは，あとで述べるような，カナダ移住前に得た学歴や資格をもつ移民に職業訓練と関連づけた公用語学習などの機会を提供する必要があるという最近の動向とも関係する。

▶第4節　移民と先住民を対象とする成人教育の実態

　すでに述べたように，教育が州の管轄下にあるカナダでは，成人教育も各州が教育委員会やコミュニティカレッジといった公的教育機関および地域のNPOや労働組合などの団体に資金を援助し，助成金を受けた機関や団体がプログラムの開発と実践を行うというかたちで実施されてきた。

　成人移民の公用語教育は，いずれの州も力を入れている成人教育プログラムであり，CMECの「学習社会カナダ2020」では，2つの公用語のうち話者の少ないフランス語の教育機会の充実とともに，成人移民の公用語学習の発展を具体的目標としている。また，連邦政府が教育に関与しないカナダにおいて，連邦政府がかかわりをもつ数少ない分野である。そこでの代表的な事業が，連邦政府が1992年に開始した成人移民向けの公用語教育プログラムLINCである。LINCが始まる以前は各地域が計画・実施する移民の就労支援，生活相談も含む定住支援事業に連邦政府が助成金を支給するかたちで成人移民の公用語教育が行われていたため，公用語教育の充実度や内容は地域間でばらつきがあった。こうしたばらつきを解消する体系的なプログラムへの要望が高まったこと，また，将来の労働人口減少を見据えて連邦政府が1990年に発表した年間25万人の大規模な移民受入れ計画のなかで成人移民への言語教育を含む定住支援計画に言及したことが，LINCの開発と導入の背景である。

　LINCの目的は，公用語習得を通じた移民の社会統合の促進であり，新規移民は無料で受講できる。LINCでは，公的教育機関や民営の語学学校が支援協力団体となり，人件費，教材費，施設使用料などの運営のための助成金を連邦政府から受けて成人移民向けの公用語教育プログラムを提供する。通学が困難な受講者のためのオンラインコースや幼い子どもをもつ学習者のための無料の託児サービスを提供しているところもある。全国のLINC提供機関では，連邦政府がLINC導入した際に開発を進めたカナダ言語能力水準（CLB）を用いて，学習者を12段階のうち適切なレベルに配置してクラス運営を行っている。

　LINCは導入から10年が経過するころには，担当省庁である連邦政府の市

民権移民省による統計調査，教育効果の研究，受講者の追跡調査などが行われるようになり，そこから職業訓練と関連づけた言語学習プログラムの要望が現れてきた。こうした要望に対して，各州による独自のプログラムや市民権移民省による地域限定の試験的プログラムが運用された。そして，2003年に，連邦政府は，LINC事業と同様の助成金事業である言語強化型職業訓練事業（ELT）を導入した。ELTの対象プログラムは，CLBレベル7程度以上の高い英語力をもつ成人学習者向けで，エンジニアや看護などの特定領域の就労に必要な英語力の習得を目的とする。ELT事業が始まった背景には，経済移民は，入国時に適切な会話能力をすでに身につけており，母国で得た専門的な資格や経験に関連した特定領域の仕事に就くものの，職務の遂行に必要な語学力や語彙が不足しているケースが多いという声が雇用者側から相次いで寄せられたことによる。ELTのプログラムには，通常の英語授業のほか，職業実習，就職活動への支援が含まれている。たとえば，オンタリオ州のトロント地区教育委員会のELTプログラムでは8週間の英語授業，6週間の職業実習，12週間の就職活動支援という順に支援が行われる。

　なお，いくつかの州では，LINCやELTといった連邦政府の助成事業による成人移民の公用語教育に加えて，州政府が独自の移民定住支援プログラムを作成し，そのプログラムの一環として成人移民に対する公用語教育や職業訓練を実施している。この場合も受講者は無料あるいは少額の受講料負担でプログラムに参加することができる。ブリティッシュ・コロンビア州バンクーバー市の公立図書館は，連邦政府による移民定住支援の助成金と州政府からの支援を受けて技能移民情報センターを図書館内に設置し，情報提供や就職活動や起業の方法を講義する無料

写真5.1　バンクーバー市公立図書館内に設置されている技能移民情報センター

第5章　カナダにおける移民・先住民の成人教育　65

セミナーの機会を成人移民に提供している。

　いっぽう，カナダの先住民の成人教育は，各州政府による設置や助成で運営される各地の成人学習センターや先住民コミュニティで職業訓練プログラム，成人のリテラシーや基礎スキルの学習機会の提供などの実践が行われてきた。しかし，各州や CMEC は初等・中等教育段階の学力と高等教育修了率の問題の解決を先住民教育の最優先課題としているため，カナダの先住民教育では成人教育は規模も小さく，取り組みが遅れている領域である。2005 年の CMEC の先住民教育行動計画に基づいて 109 件が選定された先住民教育のベストプラクティスは，6 割が初等・中等教育，3 割が高等教育，成人教育のものは 9 件のみであった。CMEC 主催の先住民教育関係者シンポジウムでも，初等・中等教育における学力向上と高等教育の修了率向上が主要テーマに設定された。

　こうしたなか，CMEC は，先住民の成人教育を中等後教育政策上で推進すること，具体的には成人の先住民に対して大学やカレッジなどの高等教育機関への進学の機会提供，定着および修了の促進と支援を行うことを提案している。先住民の中等後教育にかかわる支援は，以前から連邦政府や各州政府による助成金支給事業を中心に，主に 10 代の若者を対象に行われてきた。たとえば，マニトバ州政府は，先住民の高校生の進学希望者対象の奨学金制度の実施，州内の高等教育機関が先住民の住む遠隔地にサテライトキャンパスを設置するための補助金の支給という支援を展開してきた。いっぽう，CMEC は 2008 年に「先住民と非先住民との間に存在する学力と学校修了率の格差の解消」という目標を含む生涯学習社会形成に向けた全国的展望「学習社会カナダ 2020」を発表し，この理念をふまえた 2009 年の CMEC 先住民教育に関するサミットで，カナダの先住民，とくに女性は，中等教育修了後すぐに進学するという一般的なカナダ人のものとは異なった順番でライフステージを経験することなどに配慮した中等後教育政策が必要との提言をまとめた。成人教育を含むあらゆる年齢段階からの，まさに生涯学習的なアプローチによって先住民の学力と修了率の問題の解決を進めていくという方策である。先住民の成人教育機会の拡大にもつながる取り組みとして，今後の進展が期待される。

▶第5節　多文化・多民族共生時代の成人教育としての発展に向けた課題

　国民の基礎スキルやリテラシー能力の低さは，社会，とくに雇用，生産力，国際経済競争といった経済面に大きな影響をもたらす。本章でもみたように，現在，カナダでは移民，先住民を含むすべての国民の成人教育政策がこうした認識に立っている。カナダ連邦政府がユネスコの第6回成人教育に関する国際会議（CONFINTEA VI）を受けて2012年に刊行した報告書のなかで，カナダは現在も，多くの場合，成人教育やスキル向上にかかわる政策を貧困対策や特定分野のスキル向上政策と関連づけて推進していると説明している。

　しかし，多文化・多民族共生社会の実現のためには，移民や先住民が自分の言語や文化を学ぶ機会や支援を提供することも重要である。国際社会でも，市民的および政治的権利に関する国際人権規約（自由権規約）の第27条でマイノリティの自己の文化，宗教，言語に関する権利の保障が規定されているように，マイノリティが自分の文化や言語を学ぶことは人権として認知されている。カナダは1971年からの社会統合理念である多文化主義政策のなかで「カナダのすべての文化集団に対する公的援助の実施」を目標の1つとしており，かつては民族団体の行う言語や文化関連の事業への助成金支給を通して支援を進めていた。しかし，現在のカナダの移民や先住民を対象とする成人教育は，主流社会への統合や格差の是正を果たしていくための方策に重点がおかれ，職業の視点からのみ展開されているのが実態である。

　すでに多文化・多民族を擁するカナダにおいても，多文化・多民族が共生する時代の豊かな生涯学習社会づくりのためには，格差の是正と文化・言語の尊重の両方をめざす教育を充実させていくことが求められる。　　　　【児玉　奈々】

［主要参考文献］
　①小林順子・関口礼子・浪田克之介・溝上智恵子・小川洋編『21世紀にはばたくカナダの教育（カナダの教育2）』東信堂，2003年
　②関口礼子・浪田克之介編『多様社会カナダの「国語」教育―高度国際化社会の経験から日本への示唆』東信堂，2006年
　③児玉奈々『多様性と向きあうカナダの学校―移民社会が目指す教育』東信堂，2017年

イギリスにおける多民族・多文化共生へ向けた取り組みと生涯学習

 本章では，イギリスの多様化する民族・宗教・言語の現状を明らかにし，現代のイギリスの教育制度を概観する。つぎに，イギリス政府のスキルの向上をめざした生涯学習への取り組みを取り上げる。最後に，イギリスの多様な文化的・言語的背景をもつ人々に対する英語能力向上のための教育機会の提供をめぐって，生涯学習の果たすべき役割と意義について考察を行う。

▶第1節　イギリスの概要

(1) イギリスとは

 イギリス（United Kingdom of Great Britain and Northern Ireland：グレートブリテン及び北アイルランド連合王国）はイングランド，スコットランド，ウェールズ，北アイルランドから成り立っており，国土面積にして24万1930km^{2}の国土を有し，人口は6565万人である。

 イギリスは立憲君主制であり行政権は国王の大権に属するが，首相を中心とする内閣が実質的な行政権をもっている。首相は行政に関する決定権があり，国家公務員および政府機関の運営を監督し，政府の議員を指名して内閣府を組織し下院（House of Commons：庶民院）の主要な人物としての責任をもつ。

 議会は上院（House of Lords：貴族院）と下院の二院制により構成され，上院議員は貴族から選出され任期はない。2017年9月現在，上院は798名によって構成されている。下院は総選挙により選ばれた議員で構成されており，議席の定数は650であり，任期は5年である。選挙は小選挙区制をとっており，18歳以上の国民が選挙権を有する。

（2）多様化する民族・宗教・言語

ここでは 2011 年の国家統計局（Office for National Statistics：ONS）のイングランドとウェールズ地域の調査（ONS, 2015）をもとに検討する。イギリスは民族的に多様になりエスニック・マイノリティが増え，イギリス生まれ（UK Born）の人口は 87%（4860 万人），外国生まれの人口（Non UK Born）は 13%（750 万人）である。イギリス生まれの人口と外国生まれの人口の民族構成は表6.1 のようになる。

宗教に関しては，イギリス生まれの人口の内訳として，キリスト教 61.1%，無宗教 26.9%，イスラム教 2.6%，ヒンドゥー教 0.6%，シーク教 0.5%，ユダヤ教 0.4%，仏教 0.2%，その他の宗教 0.4%，宗教について記載なし 7.3%である。また外国生まれの人口の内訳として，キリスト教 47.5%，イスラム教 19%，無宗教 13.8%，ヒンドゥー教 7.3%，シーク教 2.4%，仏教 2%，ユダヤ教 0.7%，その他の宗教 0.6%，宗教について記載なし 6.7%であった。

また 92.3%（4980 万人）の 3 歳以上の人口は英語（ウェールズでは英語かウェールズ語）を第一言語としている。残りの 7.7%（420 万人）の 3 歳以上の人口は英語以外の言語を第一言語としており，よく話されている言語はポーラ

表6.1　イギリス生まれと外国生まれの民族別人口統計

（単位：千人）

民　　族	イギリス生まれ		外国生まれ	
	人　口	%	人　口	%
白　人	44,774	92.2	3,435	45.8
複数の人種	985	2.0	239	3.2
アジア系・アジア系イギリス人	1,770	3.6	2,443	32.6
黒人・アフリカ系・カリブ系・黒人系イギリス人	873	1.8	992	13.2
その他	168	0.3	395	5.3
合　計	48,571	86.6	7,505	13.4

出所：Office for National Statistics. (2015). *2011 Census Analysis: Ethnicity and Religion of the Non-UK Born Population in England and Wales.*, pp.3-4.

ンド語（1％，54万6000人），パンジャブ語（0.5％，27万3000人），ウルドゥー語（0.5％，26万9000人），ベンガル語（0.4％，22万1000人），グジャラート語（0.4％，21万3000人），アラビア語（0.3％，15万9000人），フランス語（0.3％，14万7000人）である。英語を第一言語としない人口の内，英語をあまり話せない人口は1.3％（72万6000人），英語をまったく喋れない人口は0.3％（13万8000人）である。ロンドンでは，英語をあまり話せない，またはまったく話せない人の割合が最も多い。このように，イギリスは多文化，多民族となっており，このことは教育における取り組みに大きな影響を与えている。

▶第2節　イギリスの教育制度

　イギリスはイングランド，スコットランド，ウェールズ，北アイルランドの各地域によって教育政策が異なることから，この章では，イギリスを構成する四地域全体の人口の85％を占め，学校数の76％（2015～2016年度に3万2142校の学校があり，その内76％がイングランド，16％がスコットランド，5％がウェールズ，4％が北アイルランドに位置している。DfE, 2016：3）を有するイングランドをイギリスと記し（これまでの多くの先行研究はイングランドをイギリスと記述していることより，第2節以降，イングランドをイギリスと記す），検討を行う。第2節では就学前教育，初等教育，中等教育，高等教育を概観したあと，継続教育を取り上げる。

（1）就学前，初等教育，中等教育，高等教育の概要

　イギリスの義務教育は5～16歳までの11年間で，初等教育（Primary Education）と中等教育（Secondary Education）に分かれている。公立学校の学費は無償であり，イギリスでは公立学校はState SchoolかMaintained School，私立学校はPublic SchoolかIndependent Schoolと呼ばれている。

　就学前教育は公立学校の場合，小学校入学前にレセプションという学年が設置されている学校が多く，3～4歳児は週15時間，年間38週間，無償で保育

学級に通う。2000年に導入されたフォウンデーション・ステージ（Foundation Stage）は、3歳児からレセプションの最後の年である5歳児までの教育を行う。さらに2008年に教育水準向上のために導入されたEarly Years Foundation Stage（EYFS）は生まれてから5歳までを対象としており、教育機能を強化して教育の質を保証することにより就学前教育を充実させた。

初等教育は5〜11歳を対象にしており、公立学校では最初の2年間（Key Stage 1）をインファント・スクール、その後の4年間（Key Stage 2）をジュニア・スクールと呼ぶ。また、ファースト・スクール（6〜8歳、9〜12歳）、ミドル・スクール（8〜12歳、9〜13歳）が設置されている場合もある。独立学校はプレ・プレパラトリースクールとプレパラトリースクールとに分かれている。

中等教育は選抜試験のない公立学校である統合制学校（Comprehensive School）と、選抜試験制のグラマー・スクールとモダン・スクールがある。グラマー・スクールとは、11歳のときに11 plusという試験により選抜される学校である。さらに入学年限や就学年限が異なるファースト・スクール、ミドル・スクール、アッパースクールがある。また、独立学校として、プレパラトリー・スクールやパブリック・スクールがある。

義務教育終了時に、生徒は中等教育修了資格（General Certificate of Secondary Education：GCSE）を受験する。義務教育後の2年間（16〜18歳）は教育・訓練の継続が義務づけられており、大学進学を希望する者は2年間の受験対策コースである公立学校に設置されているシックス・フォーム（Six Form）または独立学校に設置されているシックス・フォーム・カレッジ（Six Form College）に進学する。そして、大学入学資格であるAレベル（General Certificate of Education Advanced Level）を受験し、その後3年間学ぶ大学を選択する。

高等教育（Higher Education）としては大学があり、学士号や上級学位課程が取得できる。サッチャー保守党政権時（Margaret Thatcher, 1979-1990）の「1988年教育改革法」（Education Reform Act 1988）と、メジャー保守党政権時（John Major, 1990-1997）の「1992年継続・高等教育法」（Further and Higher Education Act 1992）により、地域の教育機関を活用した教育機会の拡大がめざ

された。これらの改革は高等教育の拡大を促し，その結果，高等教育進学率の急増につながった。1992年継続・高等教育法が制定される以前は，イギリスの高等教育機関は大学セクターとポリテクニックなどの非大学セクターとに区分されていたが，この法によりポリテクニックは大学へと昇格され学位授与が行えるようになった。

（2）ナショナル・カリキュラム

ここではサッチャー政権以降，現在の教育に引き継がれている初等・中等教育におけるカリキュラムについて検討する。サッチャー保守党政権は，イギリスにおける教育水準の向上を目標とした「1988年教育改革法」（Education Reform Act 1988）を打ち出した。1988年教育改革法は，1944年教育法（バトラー法）に変わる教育法であり，地方教育当局の学校に対する権限を縮小し，教育の中央集権化を強めた。

現在も公立学校で行われているナショナル・カリキュラム（National Curriculum）とナショナル・テスト（National Curriculum Test，またはStandard Assessment Test：SATs）は，1988年教育改革法によって導入された。ナショナル・カリキュラムは公立学校に通う義務教育課程の生徒が同一の教育を受け，統一された学習内容が保証されるよう全国的な教育課程基準を定めている（イギリスでは公立学校は，ナショナル・カリキュラムに基づき授業を行わなければならない。ナショナル・カリキュラムに沿って授業を行わなくてもよい学校として独立学校，フェイススクール，フリースクール，アカデミーがあげられる）。各教科の評価は，ナショナル・カリキュラムに示されている到達目標（Performance Attainment Target）が達成されたかに関するナショナル・テストの結果と教員の評価に基づき決定される。ナショナル・テストの結果は公表され，保護者はその結果を参考にして学校選択を行う。

さらに，2002年教育法（Education Act 2002）第78条は，ナショナル・カリキュラムを実施しているすべての公立学校において，生徒の精神的・道徳的・文化的・心的・身体的発達を促し，在学中の生徒がその後の人生の機会，責任，

経験に向けた準備を行うことを目的としている。ナショナル・カリキュラムは国際競争力強化のためにイギリスの最優先課題としてその後の政権にも引き継がれ，スキルの向上がめざされた。

　ナショナル・テストは，各キーステージ（Key Stage1：5 ～ 7 歳，Key Stage 2： 7 ～11 歳，Key Stage 3： 11～14 歳，Key Stage 4： 12～16 歳）の最終学年を修了する生徒（7，11，14，16 歳）が受験する。とくに重要であるのは，生徒が16 歳になり中等教育課程を修了するとき（Key Stage 4）に受験する GCSE である。2016 年度までの GCSE は A＊，A，B，C，D，E，F，G による評価がされていたが，2017 年度から評価方法は 9 ～ 1 というシステムに変更された（GCSE は 2017 年度に数学（maths），英文学（English Literature），英語（English Language）の科目から新しい評価システムになった。新しい GCSE はより挑戦的な内容を含んでおり，児童生徒が将来的に仕事や学習の準備ができるよう評価方法が改定された）。

（3）継続教育

　イギリスにおける生涯学習は 16 歳以上を対象とした教育や訓練をさし，義務教育後の教育として高等教育，継続教育，成人教育，職業・技能教育，オープン・ユニバーシティなど多様な教育があるが，ここでは継続教育（Further Education）を取り上げる。

　義務教育後の 16～18 歳までの若者に 2 年間の教育または訓練を義務づけた2008 年教育・技能法（Education and Skills Act 2008）は 2013 年から施行され，2015 年にはすべての 18 歳人口が教育または訓練に参加することをめざした。職業教育をめざす人は継続教育機関に進学し，資格取得をめざすか，見習い制度 （Apprenticeship）において訓練を受けるか，あるいは仕事をしながら資格の習得をめざす。イギリスの見習い制度は，16 歳以上を対象に職場や教育訓練機関において給料を支払いつつ専門知識や技術を身につけさせ，資格取得をめざさせるものである。見習い制度の水準は中級（Intermediate），上級（Advanced），高等（Higher）があり，レベルにより見習い制度を修了するには 1

～5年かかる。

16～19歳を対象にした応用資格（Applied Qualification）も継続教育において付与される。応用資格には，職業技術資格（Tech Level Qualifications），技術証明書（Technical Certificates），応用一般資格（Applied General Qualifications）がある。職業技術資格は特定の専門領域への準備を前提としており，技術証明書はGCSEと同等レベルの応用資格であり，応用一般資格は高等教育への進学にも対応できるような一般的な学習内容を含んでいる。

2016年6月の調査によると，2008年教育・技能法が施行された結果，教育または訓練を受けている若者は16～17歳人口約171万人の91％に至る。2016年度の教育または訓練を受けている若者は，その所属の内訳としてフルタイムの教育または訓練82.5％，見習い制度6.3％，仕事に基盤を置く学習1.1％，学習を伴った就労0.8％，パートタイム教育0.1％，その他0.2％であり，前年度と比べると1.6％上昇している。

▶第3節　イギリスの生涯学習とスキル

（1）識字能力・計算能力の向上に向けた取り組み

オグレディー（2013）は，労働党政権において政策で使用されている語句に着目し，「教育」から「学び」，その後「スキル」という言葉に変化していることを指摘している。1997年に政権を獲得した労働党は社会的弱者の社会への受け入れ（Social Inclusion）をスローガンに掲げ，イギリスが経済的に発展するには人々のスキルと教育の水準を向上させることが重要だとし，教育や職業訓練の機会の拡大をめざした政策を打ち出した。1990年代に入ると多くの政策がスキルの発展を重視しており，この節では労働党政権時に発表された政策の内，スキルの向上に焦点を当てたものの一部を取り上げる。

ブレア労働党政権（Tony Blair, 1997-2007）は教育を最優先課題として教育改革に取り組み，国際競争力の強化やスキル（識字能力と計算能力）の向上をめざした。1998年にブレア政権により政策提案書として発表された緑書『学

習の時代（*The Learning Age: A Renaissance for a New Britain*）』（DfEE, 1998）は，グローバル化する社会における経済的競争力の強化と学びを発展させる文化の必要性を述べている。緑書は5人に1人の大人が識字能力・計算能力が十分ではないので学習が必要と指摘し，学びは雇用のためだけでなく個人の自立を促し，多民族が分断されることなくつながりをもつことが可能となる社会を形成することに役立つと記している。さらに，緑書はコミュニティにおける学びを「社会的結束，帰属意識，責任，アイデンティティーを促進することに貢献する（DfEE, 1998 : 11）」と捉え，継続教育について「コミュニティ，成人，家族の学びは現代において必要不可欠である。学びはスキルを向上させ，経済再生と個人の成功や積極的な社会参加を促し，自己啓発と地域の発展を鼓舞する（同上，48頁）」と記しており，地域が率先して学びを提供するようなコミュニティにおける教育を重視している。

1999年の『モーサー報告書（*A Fresh Start: Improving Literacy and Numeracy*）』（DfEE, 1999）はイギリスの約20％，700万人の成人の識字能力・計算能力が欠如しており，このような基礎的なスキルの欠如が社会，経済，家族，個人に深刻な影響を与えていると指摘し，成人の識字能力・計算能力の向上を国家戦略として導入する改善策を提案した。この報告書を受け，2001年に成人の識字能力・計算能力の向上を国家戦略として掲げる『スキルズ・フォー・ライフ（*Skills for Life*）』（DfES, 2001）が発表された。この政策により，イギリス政府は資格をもたない人やスキルレベルの低い人に無償で教育や訓練を受けられるよう支援を行うようになった。イギリスの経済的競争力を高めるには生涯学習が必要であるので，人的資本を高めるために教育と訓練の予算が組まれた。

さらに2006年に発表された提言書『リーチ報告書（*Leitch Review of Skills*）』は識字能力と計算能力に限らず高度な職業能力のスキルを向上させる教育と訓練の機会を多くの労働者に与え，2020年までにイギリスの教育・スキルの水準をトップクラスまで引き上げることを目標としている。それに伴い，イギリスでは識字能力・計算能力に限らず，16歳以上の人々の教育・訓練への参加を拡大し，高度な職業能力を身につけることができる教育とスキル向上が必要

とされた。就学・就労・職業訓練のいずれも行なっていないニート（Not in Education, Employment or Training：NEET）を減らす試みも実施されている。

ブラウン労働党政権（Gordon Brown, 2007-2010）は生涯学習としてスキルを重視しており，プログラムや政府による介入の多くがスキルの開発に関連している。ビジネス・改革・技術省（Department for Business, Innovation & Skills：BIS）が 2010 年に公表した『持続可能な発展の為のスキル（*Skills for Sustainable Growth: Strategy Document*)』（BIS, 2010）は，イギリスにおけるスキルの重要性について「スキルは私たちの未来にとって不可欠であり，持続可能な発展とより強いコミュニティを構築するにはスキルの向上が不可欠である（同上，3 頁)」と述べている。このように政府の生涯学習への取り組みは，教育と訓練を提供することにより雇用をもたらすだけでなく，個人の自立を求め社会への参加を重視し，経済的競争力の強化と地域の発展をめざしている。

次に識字能力と計算能力の現状を明らかにした調査結果を取り上げる。キャメロン保守党政権時（David Cameron, 2010-2016），2012 年にビジネス・改革・技術省はイギリスの 16〜65 歳までの人々の識字能力・計算能力・ICT 能力を調べた『スキルズ・フォー・ライフ調査（*Skills for Life Survey*)』（BIS, 2012）を公表した。この報告書によると，2003 年度と 2011 年度のイギリスの 16〜65 歳までの人々の識字能力と計算能力の結果は表 6.2 のようになる。

イギリスは成人の識字能力と計算能力に関する国家基準を定めており，識字能力と計算能力はレベルの下から順にエントリーレベル 1 または以下，エントリーレベル 2，エントリーレベル 3，レベル 1，レベル 2 またはそれ以上の基準に分類される。このように識字能力と計算能力の国家基準を設定することは，人々がどの能力レベルであるかを明らかにすることにより，人々のスキルを向上させることに役立つ。

識字能力・計算能力と人口推計に関する調査で明らかになったことは，2011 年度の識字能力・計算能力がエントリーレベル 1 または以下とエントリーレベル 2 の人数が 2003 年度より増加していることである。この理由として 2011 年度には 2003 年度のときよりも移民・難民の流入が増えたことがあげられる。

表6.2　イギリスの識字能力・計算能力レベルと人口推計

（単位：％，括弧内：万人）

	識字能力		計算能力	
	2003 年	2011 年	2003 年	2011 年
エントリーレベル1 または以下	3.4（　110）	5.0（　170）	5.5（　170）	6.8（　230）
エントリーレベル2	2.0（　60）	2.1（　70）	15.9（　510）	16.9（　580）
エントリーレベル3	10.8（　350）	7.8（　270）	25.5（　810）	25.4（　870）
レベル1	39.5（1260）	28.5（　970）	27.6（　880）	29.0（　990）
レベル2 またはそれ以上	44.2（1410）	56.6（1930）	25.5（　810）	21.8（　750）

出所：Department of Business, Innovation & Skills.（2012）. *The 2011 Skills for Life Survey: A Survey of Literacy, Numeracy and ICT Levels in England.*, p.35, 38 より一部抜粋し作成

　英語が第一言語の人は識字能力と計算能力においてよりよい結果を残しているが，ロンドンなど多様な文化背景をもつ人が多い都市部では，識字能力，計算能力の低い人が多い。

　次節において，英語を第一言語としない人に対する政府による識字能力向上のための取り組みをみていくことにする。

▶第4節　イギリスの多文化・多民族共生時代の英語教育

　識字能力の向上をめざすという政府の姿勢は，近年増加してきた英語が第一言語でない人々への英語教育を支援することにもみられる。イギリスは移民・難民を受け入れており，イギリスに住む多くの民族的マイノリティは英語が第一言語でないことから，識字能力を高める為の生涯学習である ESOL（English for Speakers of Other Languages）プログラムの受講を希望する人が多い。ESOL プログラムは英語を学びながらイギリスの文化も理解することをめざすものや，英語の資格の取得を目標としつつ就職も視野におくものまでさまざまである。

2000年の教育雇用省（Department for Education and Employment：DfEE）の報告書によると，イギリスにおける ESOL 受講者は，①定住者，②難民（難民申請者・難民），③ヨーロッパからの労働者，④パートナーや配偶者に分類することができる。

（1）英語が第一言語ではない人への英語教育

前節で取り上げた『スキルズ・フォー・ライフ』の取り組みは，英語が第一言語でない人々も対象としている。また，2001年に公表された『成人への英語教育—コア・カリキュラム（*Adult ESOL: Core Curriculum*）』（DfES，2001）は，「イギリスは民族的にも多様であるが，包括的な社会であれば，誰もが仕事につき，家庭をもち，そして市民として社会に参加し成功することができるはずである。だから英語が第一言語でない人に質の高い英語を学べるように支援しなければならない（DfES，2001：v）」と述べている。この文書は，ESOLでの学びにより英語のスキルが取得できるので，地域の継続教育機関で多くの人が教育機会を得られるよう，ESOL プログラムへアクセスできる機会を増やすことの必要性を記している。また，政府は人々の英語力向上をめざして，ESOL のスピーキング，リスニング，リーディング・ライティングの四技能それぞれに初めて国家的な基準を設けた。

2017年現在，市民権を得るためには英語力を証明する資格が必要となり，ESOL の資格も利用することができる。英語力の証明には，ESOL の資格以外にも，英語で学び研究を行ったことを示す学位，あるいは英語力を証明するほかの資格（英語力の証明として，ヨーロッパ言語共通枠組み（Common European Framework of References for Language：CEFR）の B1，B2，C1，C2 レベルの資格が必要になる）が求められる。ただし，65歳以上の人や長期の身体的・精神的疾患により証明が困難な人は免除される。また，次に記した国（アイルランド，アメリカ，アンティグア・バーブータ，オーストラリア，カナダ，グレナダ，ジャマイカ，セイントクリストファー・ネーヴィス，セントビンセント及びグレナディーン諸島，セントルシア，トリニダード・トバゴ共和国，ドミニカ国，ニュー

ジーランド，バハマ，バルバドス，ベリーズ）からの移住者は英語力の証明をしなくてもいい（Gov.uk, 2017）。イギリス政府は，英語が第一言語でない成人に英語教育のプログラムを導入することで，英語力の向上とグローバル経済における競争力の強化をめざしている。

イギリスの成人を対象とした ESOL プログラムは，政府の技能助成機関（Skills Funding Agency：SFA）の成人教育予算（Adult Education Budget）の補助金の交付により運営されている場合がある。ESOL プログラムの受講生の特徴は，多様な文化的背景をもつ人がプログラムに参加していることであり，自国で高い教育を受けていた人から，第一言語においても十分に読み書きできない人までさまざまである（Baynham, M. *et al.*, 2007）。

ESOL プログラムの受講生の数は 2009〜2010 年度に 18 万人であったが，2015〜2016 年度には 10 万人まで減っている。これは ESOL の需要が減少したのではなく，政府が ESOL の予算を削減したことと関係している。2009〜2010 年度に ESOL プログラムを対象として約 2 億 300 万ポンドの予算が，2015〜2016 年度には 9000 万ポンドにまで削減されている。そのため，これらの ESOL プログラムに参加したくても，受講できずに待機者名簿に記載される人が増えている。

英語教育の予算の形態は多様化しており，ESOL の予算に限らず英語教育への予算が各民族コミュニティに提供されている。たとえば，2016 年 1 月キャメロン政権下において，地域で孤立している女性が英語を学ぶことができるように 2000 万ポンドの予算が組まれた。イスラム教の女性の約 19 万人が英語を話せないので経済活動に参加することが不可能となっているが，この予算により女性は学ぶ機会を得ることができるようになった。さらに，キャメロンは，「イギリスは宗教的多様性のある多民族からなる最も成功した民主主義国家である。現在に至るには自由と平等，相互的な寛容性を求める戦いに勝利してきた歴史がある」と強調した。そのうえで，「英語と女性のエンパワメントを最優先としてイギリスを 1 つにし，より強い社会を築くことができる（Gov.uk, 2016）」という見解を示した。この予算のほかにもシリアの難民を対象にした

英語教育の予算などがある。このように，政府の政策の変化は ESOL プログラムやほかの英語教育の予算に大きな影響を与えている。

　識字能力の向上をめざす取り組みが地域の多様化する民族構成の変化に対応して実践されており，多様な民族的背景をもつ人々をかかえているロンドンなど都市部では，英語教育プログラムの需要は高い。このようなプログラムは生涯学習における識字能力の向上として求められているものであるけれども，予算も十分ではなく，政権の教育政策に大きく影響されるので多くの課題があり，英語教育プログラムを必要とする人の需要に追いつかないのが現状である。しかしながら，このような義務教育以後の人々や多様な文化的背景をもつ人々に対する英語教育への取り組みは，今後の生涯学習が果たすべき役割と意義を示しているといえよう。

【永田　祥子】

※本文中の訳文は，すべて筆者による。

［主要参考文献］
①Baynham, M. *et al.*（2007）*Effective Teaching and Learning: ESOL.* National Research and Development Center for Adult Literacy and Numeracy. http://www.nrdc.org.uk/.
②BIS.（2010）*Skills for Sustainable Growth: Strategy Document.* https://www.gov.uk/.
③BIS.（2012）*The 2011 Skills for Life Survey: A Survey of Literacy, Numeracy and ICT Levels in England.* https://www.gov.uk/.
④DfEE.（1998）*The Learning Age: Renaissance for* a New Britain. http://dera.ioe.ac.uk/.
⑤DfEE.（1999）*A Fresh Start, Improving Literacy and Numeracy.* http://files.eric.ed.gov/.
⑥DfEE.（2000）*Breaking the Language Barriers: The Report of the Working Group on English for Speakers of Other Languages(ESOL).* http://dera.ioe.ac.uk/.
⑦DfES.（2001a）*Adult ESOL Core Curriculum.* http://cdn.cityandguilds.com/.
⑧DfES.（2001b）*Skills for Life: The National Strategy for Improving Literacy and Numeracy.* http://dera.ioe.ac.uk/.
⑨DfES.（2003）*The Skills for Life Survey: A National Needs and Impact Survey of Literacy, Numeracy and ICT Skills.* http://webarchive.nationalarchives.gov.uk/.
⑩Gov.uk（2016）*'Passive Tolerance' of Separate Communities Must End, says PM.* https://www.gov.uk/.
⑪Gov.uk.（2017）*Prove your Knowledge of English for Citizenship and Settling.* https://www.gov.uk/.

⑫House of Commons Library（2017）*Adult ESOL in England.* http://www.parliament. uk/commons-library.

⑬Leitch Review of Skills.（2006）*Prosperity for All in the Global Economy: World Class Skills.* http://www.gov.uk/.

⑭O'Grady, A.（2013）*Lifelong Learning in the UK: An Introductory Guide for Education Studies.* Oxon: Routledge.

⑮ONS.（2015）*2011 Census Analysis: Ethnicity and Religion of the Non-UK Born Population in England and Wales.* http://www.ons.gov.uk/.

第7章

ドイツにおける多文化・多民族共生と生涯学習の今

　本章のはじめに，論じる内容を簡潔に述べる。まず，第1節ではドイツの概要，行政制度，歴史について要約する。第2節では，ドイツの三分岐型学校教育制度について述べる。第3節では，多文化・多民族教育について述べ，移民・難民の現状，移民政策，移民の子どもに対する教育についてまとめる。最後の第4節では，生涯学習の歴史，民衆教育，成人教育，継続教育についてまとめ，生涯学習機関である市民大学について示す。

▶第1節　ドイツの概要

（1）ドイツとは

　ドイツの正式国名は，ドイツ連邦共和国で中央ヨーロッパに位置する。面積は35万7375km²で，フランス，スペイン，スウェーデンに次ぐが，日本よりもわずかに小さい。人口は，2016年で8242万5000人であり，欧州連合（EU）で最大の人口を有する（Statistisches Bundesamt 2017b：S.62）。

　民族構成は，国民の8割がゲルマン系のドイツ語を母語とするドイツ民族である。ただし，旧東ドイツ（ドイツ民主共和国）と旧西ドイツ（ドイツ連邦共和国），プロテスタント優勢の北部とカトリック優勢の南部といった地域差が大きい。国内先住民族として，北東部ラウジッツ地方のソルブ人（6万人），北海沿岸のフリースラント地方のフリジア人（1万2000人）が存在し，北部シュレスヴィヒ・ホルシュタイン州にはデンマーク人（5万人）が居住している。

　公用語は，ドイツ語であり支配言語であるが，中南部で話される高地ドイツ語と北ドイツで話される低地ドイツ語に分かれる。少数言語として，デンマーク語，ソルブ語，ロマ語，フリジア語が公認されている。

宗教は，旧西ドイツではカトリック（ローマ・カトリック教会）とプロテスタント（福音主義教会に属する福音主義信徒）に二分されるキリスト教が占めていたのだが，ドイツ統一後に無宗教の比率が多い旧東ドイツが含まれたことを契機に年々割合が減少し，2015年にはその割合は56％にまで減少している。最も多いのは，無宗教の36％である。その後に，カトリック28.9％，プロテスタント27.1％，イスラム教4.4％，他宗教3.6％が続く。他宗教の内訳は，正教会1.9％，ほかのキリスト教宗派1.1％，仏教0.2％，ヒンドゥー教0.1％，その他0.2％となっている（fowid, 2015）。

（2）ドイツの行政制度

　1990年の統一後のドイツ連邦共和国は，連邦と16州によって構成される。ドイツの憲法に相当する基本法では，連邦の権限は基本法に列挙された事項に限定し，最高国家機関（連邦機関）を定めている。それは，連邦議会，連邦参議院，連邦大統領，連邦政府，連邦憲法裁判所である。

　ドイツの議会は，連邦議会と連邦参議院からなる二院制である。連邦議会は，有権者（18歳以上のドイツ国籍をもつ者）の直接選挙で選ばれる議員によって構成される。連邦の立法機関であるとともに連邦首相を選出する権限を有する。連邦参議院は，16州の代表によって構成され，議員は各州政府の構成員（州首相・大臣）である。権限は，連邦議会が議決した法律案に対する同意権と異議提出権から成る。連邦議会が下院に相当し，連邦参議院が上院に相当し，連邦議会のほうが優位に立つ構造となっている。

　ドイツの国家元首は，連邦大統領である。連邦大統領は，連邦議会議員と各州議会議員からなる連邦会議によって選出される。権限は，国際法上のドイツ連邦共和国を代表すること，外国との条約締結，連邦大臣の任命など形式的なものにとどまる。連邦政府は，連邦の最高行政機関であり，連邦首相と連邦大臣によって構成される。2017年8月時点では15の省から成っているが，9省が首都ベルリンに6省が西部ボンに設置されている。

　連邦憲法裁判所は，違憲立法審査を行うための独立した裁判所である。主に

連邦機関の権利・義務の範囲に関する紛争や連邦・州の権利・義務についての争いについて裁判するとともに，連邦法・州法が基本法に合致するか否かを審査する権限ももっている。この裁判所の判決・決定は，連邦・州，すべての裁判所・官庁を拘束する。所在地は，南西部カールスルーエである。

ドイツの州は，地方自治体ではなく，それぞれが主権をもち，州議会，州政府，州裁判所を有する国家である。ベルリン，ハンブルク，ブレーメンは都市州であるため，行政区分は区である。それ以外の州の行政区分は，行政管区，郡，独立市，市町村連合，市町村から成っている。

ドイツの二大政党は，中道右派のキリスト教民主同盟（CDU）・南部バイエルン州のみを地盤とするキリスト教社会同盟（CSU）と中道左派の社会民主党（SPD）から成り，連邦首相はいずれかの政党から輩出されている。

（3）ドイツの歴史

古代ローマ時代，現在のドイツにはゲルマニアと呼ばれ，ゲルマン部族が居住していた。2〜3世紀ごろからゲルマン人は，農耕地不足や人口増加のため，ローマ帝国に傭兵や農民として移住するようになった。そして，375年からのゲルマン民族大移動によってヨーロッパに定着するようになった。476年の西ローマ帝国滅亡後，ゲルマン人は多くの王国を立てたが，そのなかでもフランク王国が勢力を伸ばしカール大帝の時代には西ヨーロッパを統一した。その後，東フランク王国，西フランク王国，イタリア王国の3つに分裂し，それぞれドイツ，フランス，イタリアの原型となっていった。東フランクのオットー1世は，962年ローマ教皇から戴冠を受け神聖ローマ帝国が成立した。

神聖ローマ帝国は，国家の統一意識や民族意識のないゆるやかな連合体であり，最盛期には300以上の領邦国家が存在していた。そのなかでハプスブルク家とホーエンツォレルン家が台頭した。ハプスブルク家は，現在のオーストリアを政治的基盤にしながら，1438年以降滅亡まで輩出した神聖ローマ皇帝の権威を利用して東ヨーロッパに進出し多民族国家を形成していった。ホーエンツォレルン家は，ベルリンを中心とする領邦にすぎなかったが，プロイセン公

国との合体により 1701 年にプロイセン王国を成立させた。

フランスのナポレオンは，ヨーロッパを支配する過程で，1806 年神聖ローマ帝国を滅亡させ，オーストリア帝国（旧ハプスブルク家領）とプロイセンを除く中小諸侯を再編しライン同盟を発足させた。しかし，ナポレオンが没落すると，ライン同盟は解体されオーストリアの主導するドイツ連邦が 1815 年に発足した。1866 年，ドイツとオーストリアがドイツ連邦の主導権をめぐって対立し普墺戦争が勃発した。勝利したプロイセンは，ドイツ連邦を解散しオーストリアを排除したうえで，影響力の強い北部領邦との間で北ドイツ連邦を発足させた。さらに，1871 年普仏戦争が勃発すると，オーストリアの影響が残っていた南部領邦（バイエルン，ヴュルテンベルク，バーデン，ヘッセン）を味方につけることに成功し，勝利後南部領邦を含めたドイツ帝国を成立させた。その後，ドイツは「世界強国への道」を突き進み，英国・フランスとの対立をもたらし，次第に緊張の度を深めていき，1914 年に英国・フランス・ロシアをはじめとする連合国との第一次世界大戦に突入した。

1918 年にドイツ革命が起こると連合国との講和へと進み，皇帝ヴィルヘルム 2 世は退位しヴァイマル共和国が発足した。1919 年のヴェルサイユ条約で課せられた巨額の賠償金と 1929 年から始まった世界恐慌によって社会不安が増大し，1933 年の国家社会主義労働者党（ナチス）のアドルフ・ヒトラー内閣の成立につながった。ヒトラーは，全権委任法によって議会の機能を停止させ，権力基盤を強化するとともに，オーストリア，チェコを併合し，第二次世界大戦に突き進んでいった。

第二次世界大戦でドイツが敗北すると，オーストリアが再分離されドイツは東西に分裂した。1949 年，アメリカ，英国，フランスが占領していた西側がドイツ連邦共和国として独立し，ソビエト連邦が占領していた東側がドイツ民主共和国として独立した。さらに，1961 年にベルリンの壁が建設され，分裂は決定的になった。しかし，1980 年代後半にソビエト連邦のゴルバチョフ政権がペレストロイカ改革を始めると，改革に消極的な東ドイツは苦境に陥った。1989 年，ベルリンの壁が崩壊すると，ドイツ統一に傾斜し，1990 年に西ドイ

ツが東ドイツを吸収してドイツが再統一され現在に至る。

▶第2節　ドイツの学校教育制度

　ドイツでは，連邦政府に教育に関する権限はなく各州政府に委ねられ，文化連邦主義と呼ばれている。連邦政府の業務は，州と共同で国際比較教育研究や教育報告を行うことに限定されている。各州政府はそれぞれ教育分野を所管する省を設置し独自の教育行政を行っているため，州によって教育制度が異なる。しかし，連邦としての共通性を維持するために，各州の文部大臣が参加する各州文部大臣会議（KMK）がおかれ，州間の調整をしている。

　図7.1は，ドイツの伝統的な学校教育制度である。すべての6歳の子どもは，4年制の基礎学校に進み，卒業後は進路が基幹学校（ハウプトシューレ，Hauptschule），実科学校（Realschule），ギムナジウム（Gymnasium）の3つに大きく分かれる構造になっている。基幹学校は，5年制の学校で，卒業後見習いとして職業訓練を受けて就職する。実科学校は，6年制の学校で，卒業すると前期中等教育修了資格が与えられ，職人をめざして職業教育機関に進む。ギムナジウムは，8年制または9年制の学校で，修了すると大学に進学できる。総合制学校は，この学校教育制度を批判して1970年代に設置が相次いだ学校である。そして，近年少子化の進んだ州や都市州において，基幹学校と実科学校を統合した学校への再編が相次いでいる。進学する学校が分岐する第5学年の生徒数（2015年）の内訳は，基幹学校7.4%，実科学校16.3%，ギムナジウム（8年制）31.9%，ギムナジウム（9年制）5.7%，総合制学校16.8%，基幹学校と実科学校を統合した学校11.3%，オリエンテーション段階6.6%，自由ヴァルドルフ学校0.9%，特別支援学校3.1%となっている（Statistisches Bundesamt, 2017a：S.56）。

　基幹学校または実科学校を卒業した者は，多くは定時制の職業学校か，全日制の職業専門学校に進む。職業学校は，デュアルシステム（二元制度）とも呼ばれ，企業や工場で見習いとして勤務しながら，週1〜2日に相当する時間，

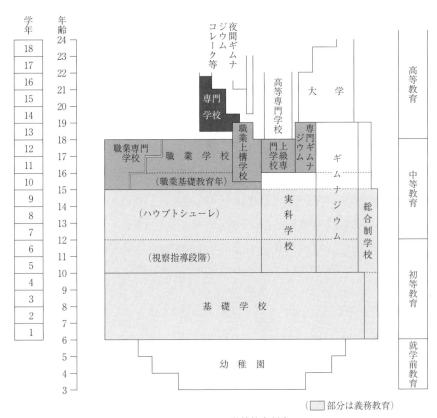

図7.1 ドイツの学校教育制度
出所：ドイツの学校系統図（文部科学省ウェブサイトをもとに改変）

職業学校で理論を学ぶ。訓練期間は，2年から3年半で修了すれば専門学校に進みマイスター資格を得る道が開かれる。職業学校は，ブルーカラー職種が多いのに対して，職業専門学校はホワイトカラー職種が多い。2015年におけるそれぞれの生徒数の割合は，職業学校が57.7％，職業専門学校が17％となっている（同上：S.10）。

ギムナジウムを卒業するためには，アビトゥーア（Abitur）と呼ばれる修了試験に合格しなければならない。それに合格すると同時に大学入学資格を得ることができ，原則としてドイツ全国の大学に進学することができる。ただし，

第7章　ドイツにおける多文化・多民族共生と生涯学習の今　87

医学部，法学部など一部の学部や，入学希望者数が入学定員を大きく上回る場合は入学者数が制限される。

▶第3節　ドイツの多文化・多民族教育

（1）ドイツにおける移民・難民

かつてドイツでは，「移民国ではない」といわれていたが，今や移民国として自認している。まず，移民・難民の状況についてまとめる。2016年で移民の背景をもたない者は，ドイツ全体で79%である。そして，移民の背景をもつ者はドイツ国籍と外国籍をもつ者を合わせると，21%にも上る。その内訳は，外国籍が9.5%でドイツ国籍が11.5%となっている（Statistisches Bundesamt, 2017b：S.62）。移民の背景をもつ者の出身国は，多い順にトルコ16.7%，ポーランド9.9%，ロシア7.1%，カザフスタン5.5%，イタリア4.5%，ルーマニア3.8%，ギリシア2.4%，クロアチア2.4%などとなっている（同上：S.63・S.67）。このなかで，トルコ，イタリア，ギリシア，クロアチアは，経済目的の移民であるのに対し，ポーランド，ロシア，カザフスタン，ルーマニアは，移民や難民だけではなく，かつてドイツ領であった地域からの帰還者（Aussiedler）も含まれている。

さらに，2015年はバルカン半島経由でヨーロッパへの難民が急増した欧州難民危機と呼ばれた年である。2014年のドイツへの難民入国者数は約18万人だったのだが，2015年は44万1899人へと倍増した。最も多かったのがシリア36%，アルバニア12%，コソボ8%，アフガニスタン7%，イラク7%となっている（Statistisches Bundesamt, 2016：S.42）。このように，移民や難民の子どもへの教育の拡充は急務となっている。

（2）ドイツの移民政策

戦後西ドイツ（ドイツ連邦共和国）は，経済成長が進むとともに労働力が不足し，それを補うためにガストアルバイター（Gastarbeiter）として外国から移

88　第2部　世界の多文化・多民族共生と生涯学習の今

民を受け入れた。1950年代以降にイタリア，ギリシア，トルコ，モロッコ，ユーゴスラビアとの間に二国間協定が締結された。当初彼らは数年で帰国するものと考えられていたのだが，定住・再入国や家族呼び寄せによって，外国人人口は増加した。また，東西ドイツが統一し冷戦構造が崩壊すると，東欧諸国や旧ソ連圏からドイツ人の祖先をもつ帰還者がドイツにやってきた。

　従来ドイツでは国籍保持者の子どもに国籍が付与される血統地主義であったのだが，1999年に国籍法が改正され2000年から出生地主義の条項が取り入れられた。その内容は，ドイツに永住意思のある外国の両親をもつ子どもでドイツ生まれの者は，出生と同時に両親の国籍と同時にドイツ国籍も付与されるものであった。そして，23歳までに1つの国籍を選択しなければならないとした（木戸，2012：490）。この法律改正は，移民の背景をもつドイツ国籍保持者が増加するきっかけになった。2005年に成立したメルケル政権は，統合を重視し今やドイツは多文化・多民族共生社会になっている。

（3）準備教育：第2言語教育

　ドイツの統合政策では，第2言語としての外国語（DaZ）の習得が重視されている。移民の子どもの準備教育でもドイツ語学習が中心になるのだが，連邦で共通の言語教育プログラムはまだない。準備教育では，2つのアプローチがある。1つはベルリンモデルと呼ばれ，ドイツ語を母語とする生徒と母語としない生徒を一緒に統合して教育する方法である。もう1つはバイエルンモデルと呼ばれ，両者を分離して教育する方法である。

　ベルリンモデルでは，子どもたちは通常学級で授業を受ける。ドイツ語の知識に乏しい子どもはあらかじめ準備学級で学ぶか，通常学級と並行して設けられる促進授業で学ぶ。このモデルは，外国人子弟をドイツの学校制度に組み込むことがめざされている。ベルリンモデルへは，外国人の母語や文化に対する考慮はなくドイツ側からの一方的な同化政策であると批判されている。

　これに対して，バイエルンモデルでは，外国人は本国に帰ることを前提にした「ローテーション原則」に依拠している。ドイツ語を母語としない生徒は基

本的に彼らだけでのクラスで授業を受ける。ドイツ人生徒と外国人生徒が分離され両者のコミュニケーションがなくなるという批判や，外国人のクラスでは上級学校への進学の機会が閉ざされるなどの批判がある（同上：496-497）。

▶第4節　ドイツの生涯学習

「生涯学習」をドイツ語にすると "Lebenslanges Lernen" であるが，ドイツでは1980年代までこの用語が使われてこなかった。本節では，生涯学習の歴史についてまとめ，その主な担い手である市民大学の現状についてまとめる。

（1）民衆教育

ドイツの生涯学習の起源は，18世紀における庶民への読み書きや啓蒙活動で，19世紀後半に民衆教育（Volksbildung）として活動が全国的に展開された。帝政期の民衆教育は，高まる労働運動に対抗するために，国民の育成に重点が置かれていた。当時の民衆教育は，「知識を一般民衆や労働者に啓蒙・普及するという教育方針を」（三輪，2002：4）もっていた。しかし，第一次世界大戦が終了し，ヴァイマル共和国が発足すると，民衆教育も変化し，「知識のほかに美的・道徳的価値をもあわせもった『人格の形成』を重く見ることと，知識や文化財をそのような目的にそって選びとって提供することを内容とする」（同上）新しい方向性がめざされた。1933年にヒトラーによるナチス政権が発足すると，「人格形成という意味は，ますます，ドイツ民族の優秀さを鼓舞する民族主義の方向へと」（同上：5）向かっていった。第二次世界大戦後，西ドイツでは「国家からの自由」「民主主義」などの教育目標が掲げられるようになり，成人教育は国家から自由であるべきという主張や，公教育は成人教育の条件整備をするにとどめ事業内容に介入するべきではないという主張がされるようになった。

（2）成人教育

1960年代以降，民衆教育にかわって成人教育（Erwachsenenbildung）という用語が使われるようになった。そのきっかけは，1960年にドイツ教育制度委員会が『ドイツ成人教育の現状と課題について』を発表し，「みずから社会や世界を理解し，その理解にふさわしい行動をとろうとたえず努力する人間」を成人と位置づけ，その教育を成人教育とした。これは，ナチス時代の反省をふまえて特定の世界観や政治観に偏らないで，さまざまな学習プログラムを提供し，参加者が自発的に選択できるようにする考え方であった。

（3）継続教育

1970年代になると，成人教育にかわって継続教育（Weiterbildung）という用語が使われるようになった。1970年に，ドイツ教育審議会が「教育制度に関する構造計画」を示し，そのなかで従来の成人教育だけではなく，職業補習教育，再教育を統合するものとして継続教育という語を使用したことに始まる。

継続教育は，大きく一般継続教育と職業継続教育に分かれる。一般継続教育には，学校修了証の提供，政治教育，文化的な教育からなる。とくに，拡充されたのは学校修了証の提供で，前期中等教育機関の修了証をもたない者に基幹学校修了証や実科学校修了証を授与するコースや，ギムナジウムに通わなくても大学入学資格であるアビトゥーアや専門大学入学資格の取得が可能なコースが開設されたのである。前者は，図7.1の職業基礎教育年，職業上構学校が，後者は上級専門学校，専門ギムナジウム，夜間ギムナジウム，コレークが相当する。職業継続教育は，職業知識・技能・資格の向上をめざす補習教育であり，その代表格は修了者にマイスター資格を付与する専門学校である。

（4）生涯学習の時代へ

1970年代の継続教育によって，成人教育は学校化または市場化するようになり，成人教育の本来の考え方である人格の形成は後回しになってしまった。1980年代から継続教育の体系化や学校化を批判して新しい方向を模索する動

きが始まる。一部の NPO は，外国からの移民や教育的に不利益を受けている
人々を対象に，学校外で参加者の日常的な問題を解決するような学習支援や，
必ずしも意図的・組織的な教育活動ではないものの結果として学習が行われる
教育を始めたのである。

　1990 年代後半からようやく生涯学習という用語が使われはじめたのだが，
それには国内的要因と国外的要因があった。国内的要因は，1990 年の東西ド
イツの統一であった。旧東ドイツと旧西ドイツという 2 つの異なる価値観をも
つ国民をまとめるためには，従来の継続教育だけでは不十分でさまざまな世代
に対する教育が必要であった。国外的な要因は，EU が競争社会のなかで生き
残るために，生涯学習を 1 つのキーワードとするようになり，ドイツもその影
響を受けるようになったことである。1996 年に 25 の OECD 加盟国が「教育
から学習へ」と呼ばれる行動計画をまとめた。そのモットーは，「生涯学習を
すべての人々に」(lifelong learning for all) である。そして，ドイツ連邦教育学
術省も 2011 年に同内容の行動計画を国内向けに発表した。

（5）市民大学

　ドイツで歴史があり代表的な生涯学習機関は，市民大学 (Volkshochschule)
である。しかし，1970 年代以降さまざまな団体が生涯教育を提供するように
なった。具体的には，企業や官公庁のほかに，教会系成人教育団体，労働組合，
農業系団体，政党，手工業・商工会議所，地方自治体，高等教育機関，NPO
などである。本節では，市民大学の現状についてまとめる。

　2015 年における市民大学の現状は，表7.1 のとおりである。まず，コース
数の分布をみると，健康が最も多く，言語がそれに続く。しかし，領域ごとの
受講時間数では，言語が全体の半数近くまで占めている。これは，ドイツへの
難民・移民が急増し，ドイツ語教育を行う時間が増加したのではないかと思わ
れる。その一方で，就職につながる労働・職業の割合には変化がない。最後に，
コースの授業時間数の前年度比の変化の割合では，4 つのコースの時間数が減
少している一方で，言語が大きく増加している。これは，ほかのコースの時間

表 7.1　市民大学の分布（2015 年）

コース名	割　合（%）		
	コースの分布	受講時間数の分布	コース時間数の変化の割合
政治・社会・環境	6.6	3.9	− 4.1
文化・デザイン	15.5	9.7	− 2.3
健　康	33.6	17.8	− 0.6
言　語	32.1	49.4	18.5
労働・職業	9.4	9.3	− 4.6
基礎教育・学校卒業資格	2.8	9.8	3.6

出所：Hella Huntemann, Elisabeth Reichart, Volkshochschul-Statistik: 54. Folge,
　　Arbeitsjahr 2015・2016,　S.60・67・68.

数を減らしてでも言語の時間数を上昇させなければならない事情が生じたため
と推察できる。　　　　　　　　　　　　　　　　　　　　　【田中　達也】

［主要参考文献］
　①木戸裕『ドイツ統一・EU 統合とグローバリズム』東信堂，2012 年
　②三輪建二『ドイツの生涯学習』東海大学出版会，2002 年
　③ Forschungsgruppe Weltanschauungen in Deutschland（fowid），https://fowid.de/meldung/
　　religionszugehoerigkeiten-deutschland-2015　（2017 年 9 月 30 日確認）
　④ Statistisches Bundesamt（2017a）*Allgemeinbildende Schulen Schuljahr 2015/2016*,
　　2017
　⑤ Statistisches Bundesamt（2016）*Statitisches Jahrbuch 2016*, 2016
　⑥ Statistisches Bundesamt（2017b）*Bevölkerung mit Migrationshintergrund - Ergebnisse*
　　des Mikrozensus, 2017

第8章

ロシアにおける多文化・多民族共生と生涯学習

　本章では，最初にロシア連邦の国家的・社会的および民族・文化的特徴を押さえたうえで，その特徴に応じて構築されている学校教育制度について述べる。連邦制の構造や民族構成などについて言及し，次いで11年制義務教育の復活や教育課程改革の特徴について考察する。

　ロシアでは，ソビエト連邦（以下，ソ連）時代から学校教育制度と平行して補充教育制度（校外教育制度）が広範に発展させられてきた。補充教育機関（校外教育機関）とは，日本の社会教育機関がノンフォーマル・エデュケーションにあたるのに対して，フォーマルとノンフォーマルとの中間に位置する教育制度であり，学校教育制度と並ぶ生涯学習の大きな軸を形成している。本章では，後半部分で，この補充教育機関の活動に焦点を当ててみていくことにしたい。

▶第1節　多文化・多民族国家ロシア連邦の特徴

（1）連邦制国家ロシア

　ロシアは面積にして1710万 km^2，日本の約45倍，アメリカの約2倍という世界一の国土を有する連邦制国家である。人口は，1億4680万人（2017年1月，連邦国家統計庁）である。連邦制とは，「自律性を保障された構成主体政府の存在と，ルールの共有を前提とした共通の制度の存在とを同時に満たすという，2つのレベルからなる政府を有する政治制度であり，権威が単一の政府による単一制とは対象的な制度である」（長谷，2006：270）。連邦制をとる国家は，本書で扱うアメリカ，カナダ，ドイツ，オーストラリアも含めて世界に多数存在するが，連邦政府と構成主体政府の権限区分関係や憲法改正の手続きなどに相違がみられる。

ロシアは，現在，22 共和国，9 地方，46 州，4 自治管区，1 自治州および3 特別市の 85 連邦構成主体からなる非対称的な構造を有する連邦国家である。共和国は，ロシア人以外の民族が比較的多く住んでおり，名称民族による自治が尊重される。独自の憲法や国家語をもつことができ，大統領を有する。共和国以外の連邦構成主体も 1 つの国家として独自の憲章と法令を有する。

ロシアの政治体制は，連邦レベルと構成主体レベルにおいて，基本的に大統領（連邦構成主体首長），政府，議会および司法からなり，大統領は国民の直接選挙によって選ばれるが，構成主体首長の場合は，2012 年の法修正により，連邦大統領が候補者を指名する政党および個人候補者と協議したうえで，国民投票にかけられることになった。ロシア連邦は，国民の直接選挙によって選出される連邦大統領と連邦議会をもつ二元代表制国家である。

大統領は，任期 6 年（2008 年修正）で，連邦議会，政府および裁判所の三権とともにロシアの国家権力を執行するが，法案提出権や連邦法の署名拒否権を有し，議会による立法権に完全には従属しない。連邦議会は立法機関であり，連邦会議と国家会議の 2 院からなる。前者は，任期 4 ～ 5 年，各連邦構成主体の議会の代表 1 名と政府の代表 1 名の 2 人ずつの代表によって構成される。現在は 170 名である。後者は，任期 5 年（2008 年修正），定数 450 名で，小選挙区比例代表並立制（2016 年より）により半数ずつ選出される。連邦政府の専管権限は，ほかの連邦制国家と同様に，外交，安全保障，通貨管理，人権，公民権，国籍および少数民族の権利保護など（憲法 71 条）である。連邦構成主体との共同管轄権限としては，人権や自由の保障，環境保護，少数民族の保護，社会保障などとともに，教育，文化，スポーツが含められている（憲法 72 条）。

（2）多民族・多言語国家ロシア

2010 年のセンサス（以下，数字は 2010 年）によれば，ロシアは 195 以上の民族からなる多民族国家である。表 8.1 は，過去 3 回のセンサスにおける比較的多数を占める上位 10 民族の人口増減を示したものである。旧ソ連では全体に占めるロシア人の割合は 50% 程度であったが，これをソ連時代のロシア共和

表8.1　過去3回のセンサスにおける比較多数民族の人口増減と割合

民族 ＼ 年	1989年（%）	2002年（%）	2010年（%）	1989年（ソ連%）
1. ロシア人	1億1,987万(81.5)	1億1,589万(79.8)	1億1,102万(77.7)	(50.8)
2. タタール人	552万 (3.8)	556万 (3.8)	531万 (3.7)	(2.3)
3. ウクライナ人	436万 (2.9)	294万 (2.1)	193万 (1.4)	(15.5)
4. チュバシ人	177万 (1.2)	164万 (1.2)	144万 (1.0)	(0.6)
5. バシキール人	135万 (0.9)	167万 (1.2)	158万 (1.1)	(0.7)
6. ベロルーシ人	121万 (0.8)	81万 (0.6)	52万 (0.4)	(3.5)
7. モルドワ人	107万 (0.7)	84万 (0.6)	74万 (0.5)	(0.4)
8. チェチェン人	90万 (0.6)	136万 (0.9)	143万 (1.0)	(0.3)
9. アヴァール人	54万 (0.3)	76万 (0.5)	91万 (0.6)	(0.2)
10. カザフ人	64万 (0.4)	66万 (0.5)	64万 (0.4)	(2.8)
全人口	1億4,702万 (100)	1億4,517万 (100)	1億4,286万 (100)	2億8,574万(100)

出所：連邦国家統計庁センサスなどより筆者作成

　国および独立後のロシア連邦でみると，減少傾向にあるものの，80〜70%後半で推移している。日本人は888人，アイヌ民族は109人が数えられている。

　ロシア人に次いで多いのがタタール人である。ロシア連邦に住むタタール人は531万人であるが，表8.2にみるように，タタールスタン共和国内の総人口は378万6000人で，その内タタール人が201万3000人，ロシア人が150万1000人，共和国内ではタタール人が53.2%を占め多数派となっている。

　宗教は，多数を占めるロシア人にロシア正教を信じる者が多く，タタール人，バシキール人および北コーカサスではムスリムが多い。また，カルムイク人，トイヴァ人，ブリヤート人には仏教徒が多く，ロシア帝国からソ連時代に比較的多かったユダヤ教も現在のユダヤ自治州だけでなく，ロシア全域に散在している。2012年に18〜79歳までの5万6900人を対象に行われた全ロシア調査では，正教徒が43%（古儀式派などを含む），特定の宗派に属さない信者が25%，無神論者が13%，ムスリムが6.9%（スンナ派，シーア派，その他を含む），仏教徒が0.5%，ユダヤ教が0.5%であった。

ロシア連邦の国家語はロシア語であり，各共和国も国家語を制定する権限をもち，ロシア語と並んで構成主体政府の権力機関や地方自治機関および公共施設などで使用される（連邦憲法68条）。たとえば，モルドヴィヤ共和国ではモクシャン語とエルジャン語の2つが，カラチャヴォ・チェルケス共和国ではアバジン語とノガイ語の2つが共和国内国家語とされている。また，ダゲスタン共和国では，国内に住むすべての民族の言語が

表8.2 タタールスタン共和国の民族構成

民　族	人　口（人）	割合（％）
タタール人	201万3,000	53.2
ロシア人	150万1,000	39.7
チュヴァシ人	11万6,000	3.1
ウドムルト人	2万3,000	0.6
モルドワ人	1万9,000	0.5
マリ人	1万9,000	0.5
ウクライナ人	1万8,000	0.5
その他	7万7,000	1.9
総　計	378万6,000	100

出所：表8.1と同じ

国家語とされる（ダゲスタン共和国憲法11条）が，ロシア語以外の書記言語は13言語である。新たに編入されたクリミヤ共和国（2014年）では，クリミヤ・タタール語とウクライナ語がロシア語とともに国家語とされ，連邦全体ではロシア語を含む国家語は38言語以上にのぼる。さらに，自己の属する国家体をもたない少数民族や先住民族などは，集住している地域での住民言語が地域公用語として使用される（連邦民族言語法3条）。連邦民族言語法は，「国家はロシア連邦の全領土において，諸民族の言語の発展，二言語主義及び多言語主義を促進する」（前文）とうたっている。

▶第2節　ロシアの学校教育制度

（1）11年制義務教育の復活

ロシアでは，教育は民族問題や文化およびスポーツとともに連邦構成主体の専管事項ではなく，連邦中央との共同管轄事項とされている。したがって，たとえば自然科学など地域的特殊性の少ない科目に関する教育課程は連邦管轄事

第8章　ロシアにおける多文化・多民族共生と生涯学習　97

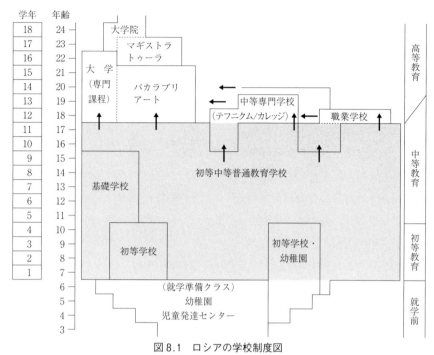

図8.1　ロシアの学校制度図
出所：岩崎・関，2011年：5

項であり，歴史や母語，文化および地域の自然など，構成主体に深くかかわる教育課程は構成主体の管轄となる。図8.1はロシアの学校制度図である。4－5－2制の11年制初等中等普通教育学校が基本であり，図中の黒塗り部分は義務教育段階を示している。2007／2008年度から11年制義務教育が「復活」した。もともと11年制義務教育は，ソ連時代1984年のチェルネンコ教育改革時に導入されたものだが，ペレストロイカ以降9年制に短縮されていた。

　就学年齢は，「6歳半から開始され，8歳より遅くなってはいけない」(連邦教育法19条)。ソ連時代は7歳就学の3年制初等教育が続けられてきたが，チェルネンコ教育改革により，1986年からの初等教育の1年延長と6歳就学が部分的に導入され，2002年からはすべて6歳就学に一元化された。

　現在，モスクワでは，数年前から学校の大々的な統廃合が進められている。

これは，周辺の数校の初等中等普通学校，幼稚園，補充教育機関およびカレッジなどを1つの教育コンプレックスにして，教育資源の集中と有効活用をはかり，生徒の選択の幅を広げると共に，経営効率を高める改革である。具体的には，2005年のモスクワ市の学校数，生徒数はそれぞれ1767校，81万4000人であったが，2014年には1143校，85万9000人となっており，生徒数が増加しているにもかかわらず，624校も減少している（連邦国家統計委員会，2015）。

　2012年に新連邦教育法が採択されたが，旧連邦教育法（1992年）との相違は，教育機関の名称を「образовательная организация」（オブラゾヴァーチェリナヤ・オルガニザーツィヤ）に統一し，民営や企業付設などにかかわらず，すべての教育施設を同等の権利を持つ教育機関として位置づけたこと，就学前教育の連邦国家教育スタンダードを制定し学校として位置づけたこと，初等職業教育が中等職業教育へ包摂されたことなどである。

（2）教育課程改革における普遍的学習行為の育成

　日本の学習指導要領に当たる新しい「連邦国家教育スタンダード」（以下，スタンダード）が2011年以降，全ロシア連邦で導入されている。スタンダードの特徴は，第一に，これまでの教科内容に加えて普遍的学習行為を普通教育内容の基本的核として位置づけたことである。普遍的学習行為とは，経験の積極的獲得による自己発達の能力，自ら学ぶ能力，知識の自主的習得に関する行為などを意味している。具体的には，①個人・人格に係わる普遍的学習行為（個人の職業的自己決定を見据えた価値志向や意味形成行為），②調整的普遍的学習行為（既習事項と未習事項との相互関係に基づく活動計画の修正に関する行為），③認識的普遍的学習行為（認識目的の自主形成や情報探索活動などに関する行為），④コミュニケーションに係わる普遍的学習行為（同級生や異年齢集団の中で協働学習を行い，葛藤を解決する行為）のことである（アスモロフ他，2010年：33-134）。普遍的学習行為の特徴は，ヴィゴツキー，レオンチェフ，ルリヤなどソ連時代の教育学者・心理学者により開発されてきた文化歴史学派のシステム・活動アプローチに依拠して，社会的構成主義の立場から構想されている点にある。

特徴の第二は，週10時間の課外活動が必修とされ，教科課程の必須の構成要素とされたことである。特徴の第三は，宗派に偏らない宗教教育が教科「宗教文化及び世俗倫理の基礎」として4学年と5学年に導入されたことである。この教科は，「正教文化の基礎」「イスラム文化の基礎」「ユダヤ文化の基礎」「仏教文化の基礎」「世界の宗教文化の基礎」および「世俗倫理の基礎」から学校が選択する建前となっている。

▶第3節　ロシアの生涯学習

（1）ロシアにおける生涯学習の概念と構造

今日，ロシア連邦では生涯学習ではなく，ソ連時代から用いられてきた「生涯教育」（Непрерывное образование, Cotinuing education；継続的教育）が政策用語として用いられている。しかし，この用語は何らかの学校段階を終えたあとの「継続教育」（Continuous education）やいわゆる「成人教育」（Adult education）を意味するのではなく，ラングランがいう意味での学校，社会および家庭の教育資源を時間的にも空間的にも統合していこうとする教育理念である。それは今日における「生涯学習」の概念といってよい。ロシアには，ソ連時代から，教育の内容と制度の単一性および学校・地域・家庭の緊密な結合とにより，あらゆる時間と場所を通して人格の全面発達をはかるという教育思想があり，用語としての生涯教育が用いられるようになった1975年（ア・ヴェ・ダリンスキー論文）以前にも，生涯学習という言葉はなくても，実際にはそのような実態が存在していた（岩﨑，1995：229）。したがって，ここでは「ロシアの生涯学習」という言葉を用いることにする。

ロシアにおける生涯学習は，就学前教育から始まり初等教育，普通・職業中等教育，高等教育および高等後教育に至る学校教育制度，学校教育制度と並ぶ補充教育制度，日本の社会教育機関にあたる図書館，博物館，文化宮殿，体育・スポーツ施設などの校外教育機関，マスメディアなどの大衆情報伝達手段，専門家や労働者の研修・資質向上・再教育制度，働きながら学ぶ成人のための

夜間制または通信制の中等・高等教育機関などにより実施されている。

　補充教育とは，ソ連時代に校外教育機関が果たしていた機能を校外教育機関だけでなく，普通教育機関と職業教育機関にももたせようとするもので，1992年の旧連邦教育法（26条）で定められたが，その詳細な規定は，2012年の新連邦教育法で提示された。これらの条文よると，補充教育プログラムの実施を活動の基本目的する機関が補充教育機関であり，活動の基本目的とはしないが，補充教育プログラムの実施権をもつ機関が就学前教育機関を含む初等・中等及び高等教育機関などである（ロシア連邦教育法，2012年，関連条項）。

　補充教育を主たる目的とする補充教育機関には，補充普通教育機関と補充職業教育機関があり，前者にはいわゆるソ連時代から活動していた校外教育機関，すなわち，ピオネール宮殿，青少年技術者ステーション，青少年自然研究者ステーション，ツーリストステーション，青少年スポーツ校，児童音楽・美術・舞踊学校，夏期ビオネールキャンプ，子ども鉄道などがある。これらは，一部，児童創造宮殿などと名称を変えつつも，今日も活発にその活動を展開している。新連邦教育法では，これらの子どもの補充教育に加えて，成人のための補充普通教育がこれらの機関で実施されることになった。

　また後者には，①補充職業教育研究所やアカデミー，②大学付属の補充職業教育学部，③国立および私立の補充職業教育センター，④企業付属の資格向上課程などがある。①は主に教員，公務員，医者などの高等後教育を担い，②は主に卒業生の再教育を担当し，③は国立の場合，各連邦構成主体に設置されて，雇用センターなどともに資格向上や新しい職業資格の付与などを行う。新連邦教育法によれば，補充職業教育は，高等および（または）中等の職業教育を受けた者（受けている者）に受講資格があり，連邦国家教育スタンダードに定められた基準に従って実施され，資格向上証明書が授与される（76条）。

　学校教育制度と補充普通教育制度との大きな相違は，後者には国家教育スタンダードがなく，補充普通教育機関が自由にコースや教育内容を決定することができ，教育水準のレベルアップを伴わない点にある。

第8章　ロシアにおける多文化・多民族共生と生涯学習　101

（2）補充普通教育機関の全般的動向

補充普通教育機関は，学校に勝るとも劣らない物的施設・設備，活動分野，プログラムおよび専門家が整備・配置され，生徒が自由意志で参加し，基本的には無償で提供される，学校教育制度と並び立つもう１つの教育制度である。「2010年までのロシア連邦における子どもの補充教育の現代化構想」（2004年，

表8.3　補充普通教育機関の総数の変化

種　類 ＼ 年	2000	2005	2010	2011	2014
全ての種類を含む	3,577	3,654	3,683	3,392	3,703
芸術系	371	418	780	756	2,393
エコ・生物系	467	445	331	313	251
ツーリスト・郷土系	335	331	256	247	209
技術系	570	536	327	305	245
スポーツ系	2,968	3,072	2,760	2,480	3,714
軍事・愛国・スポーツ・技術系	112	89	101	107	83
その他	299	331	293	302	1,193
教育・科学省管轄計	8,699	8,876	8,531	7,902	11,791
青少年スポーツ学校	1,709	1,839	2,210	2,449	2,902
子ども音楽，芸術，舞踊，美術学校	5,823	5,555	5,370	5,328	5,186
総計（スポーツ省と文化省管轄を含む）	16,231	16,270	16,111	15,679	19,879

出所：連邦国家統計委員会，統計年鑑，2015年などより筆者作成

表8.4　初等中等普通教育機関の総数と生徒数の変化

（生徒数：千人）

	2000	2005	2010	2011	2014
機関数	68,100	62,500	50,100	47,200	44,100
生徒数	2049,3	1555,9	1356,9	1365,4	1429,9

出所：表8.3と同じ

102　第2部　世界の多文化・多民族共生と生涯学習の今

表8.5 補充普通教育機関の利用者総数の変化

(単位：千人)

種　類＼年	2000	2005	2010	2011	2014
全ての種類を含む	4411.8	4817.4	4645.5	4587.9	4976.7
芸術関係	294.6	294.0	627.2	603.6	976.1
エコ・生物関係	367.6	380.3	281.2	261.1	216.0
ツーリスト・郷土関係	206.8	219.6	175.3	181.6	160.4
技術関係	434.2	435.5	268.4	271.2	213.0
スポーツ関係	1981.3	2120.4	1790.5	1624.0	2423.9
軍事・愛国・スポーツ・技術関係	101.2	45.8	70.0	81.1	60.1
その他	108.3	130.2	225.0	242.8	591.1
教育・科学省管轄計	7905.8	8443.7	8083.3	7853.4	9617.2
青少年スポーツ学校	866.2	1097.3	1455.7	1674.3	1981.3
子ども音楽，芸術，舞踊，美術学校	1284.5	1280.9	1433.0	1446.6	1496.6
総計（スポーツ省と文化省管轄を含む）	10056.5	10821.9	10972.0	10974.3	13095.1

出所：表8.3と同じ

連邦教育・科学省省議決定）によれば，「子どもの補充教育は，現代のロシア社会において形成された教育空間の最も重要な構成要素」である。「補充」とは，連邦国家教育スタンダーに規定された学校で実施される基本的な教育の範囲に規制されず，各個人に動機づけられた教育であり，子どもの興味・関心，年齢および個人的特質に応じて，子どもによる教育の自由選択という原則に基づき，自己を最大限発達させ，社会的，職業的，個人的に自己決定することのできる人間の育成をめざす教育を意味している。

　表8.3，表8.4および表8.5に示すように，2014年のロシア連邦における子どもの補充教育機関の総数は，延べ1万9879であり，初等中等普通教育機関

の総数は，4万4100校である。また，同年の子どもの補充教育機関の延べ利用者総数は1309万5100人であり，初等中等普通教育機関の生徒総数は1429万9000人である。単純に計算すれば，生徒総数の92％をカバーすることになるが，地域による相違やサークルの複数所属などもあり，そう単純ではない。

2012年5月の大統領令「教育と学術の分野における国家政策の実現に関する施策について」は，「補充教育プログラムに基づいて学んでいる5～18歳の年齢の子どもを，2020年までに，この年齢の子ども全体の70～75％までに増大させ，それらの50％が連邦予算の支出によって学ぶことを考慮する」と述べ，子どもの補充教育をいっそう充実する方針を示している。

表からわかることは，近年の生徒数の減少傾向にもかかわらず，補充教育機関もその利用者数も増大していることである。これらの補充教育機関には，教育・科学省管轄のもの，スポーツ省管轄のものおよび文化省管轄のものがある。また，設置者は主要には地方自治体であり，一部構成主体のものも存在する。

▶第4節　モスクワ市における補充教育機関の改革動向

（1）教育コンプレックスへの統合

「2012-2016年におけるモスクワ市国家プログラム『モスクワ市の教育発展』」（2015年改訂）によれば，2011年に子どもの補充教育の国家機関は市内に500以上あり，そのうち，モスクワ市教育局管轄の補充教育機関は155であった。また，同年，モスクワ市教育局管轄の補充教育機関では，34万人以上の生徒が活動し，モスクワ市の国公立普通教育機関では，60万人以上の生徒が補充教育プログラムで学んでいる。当プログラムでは，2014～2015年度では，約50万人の生徒が学んだとされ，当該年度のモスクワ市の全生徒数は，約86万人なので約58％が参加したことになる。

モスクワ市教育庁社会化・補充教育副局長（ナターリア・コンドラチェンコ）からの聞き取り（2016年2月27日，筆者）によれば，この間モスクワでは，補充教育制度の本格的な「現代化」が行われ，モスクワ市には150くらいの補充

教育機関があったが，最適化の結果，独立した機関は約 30 くらいになり，残りは教育コンプレックス（第 2 節参照）のなかに入ったという。補充教育は，国家によってその無償が保障されているわけではないが，モスクワ市では生徒およびプログラムの 75％は無償である。モスクワ市の学校制度は週 5 日制だが，5 年前からモスクワ市全体で毎週土曜日を補充教育の日とした。補充教育はプログラム・アプローチを取っており，市全体で 10 万以上のサークルやクラブがあり，3 ～ 4 万近くのプログラムがある。プログラムは，入門段階，紹介段階，基本段階，深化段階の 4 つの段階に別れている。

（2）モスクワ市子ども・青少年創造宮殿の活動

　2011 年 10 月 23 日に当該宮殿を訪問し，アンドレイ・シャシュコーフ館長（当時）から聞き取り調査を行った。以下は，その一部である。

　モスクワ市子ども・青少年創造宮殿は，1936 年，雀が丘にピオネール宮殿として創立され，2011 年に創立 75 周年を迎えた。市の管轄で，敷地 44.6 ヘクタール（東京ドームの 9.5 倍）のなかに，30 以上の建物がある。子ども用のスポーツ・スタジアム，サッカー場，100m 射撃場，アイスホッケー用施設・テニスコートなど，8 つのスポーツ施設に劇場や歌や舞踊のアンサンブル施設などがある。スポーツ部門では空手を含めて 8 種類のスポーツが行われている。

　宮殿の活動は，基本的には 6 ～ 18 歳の子どもが，普通の日は朝 9 時～夜 9 時まで，日曜日は朝 9 時～夜 6 時まで活動する。活動は基本的には無料だが，定款外の活動については予算が下りないので有料になる。今年の夏に登録した子どもの数は 1 万 8000 人以上，実際は 1 万 6000 人程度が通っている。この差は，1 人の子どもが複数分野を選択することからきている。

　活動分野は，科学，技術，芸術・美術，スポーツ，人文など，連邦教育・科学省の定めるすべての分野にわたっている。利用する子どもの数は多いようだが，生徒数は約 76 万 3000 人（2009 年現在）なので，この宮殿では，市の全生徒数の約 2.1％の生徒をカバーしていることになる。宮殿に勤務する教員数は約 800 人，全職員は 1200 人，11 の分野にわたり，400 のプログラムが実施さ

第 8 章　ロシアにおける多文化・多民族共生と生涯学習　105

れている。

　モスクワ市の補充教育機関の改革は，あくまでも 1 つの構成主体としての動向であり，このような改革が全ロシアで進められているとは限らない。

【岩﨑　正吾】

［主要参考文献］
①長谷直哉「ロシア連邦制の構造と特徴—比較連邦論の視点から」『スラヴ研究』No.53,スラヴ・ユーラシア研究センター，2006 年
②連邦国家統計庁『全ロシア国勢調査』（1989・2002・2010 年），連邦国家統計委員会『ロシア統計年鑑』（2015・2011・2006 年），ソ連邦国家統計委員会『ソ連邦の国民経済』（1990 年）〈いずれもロシア語〉
③岩﨑正吾・関啓子『変わるロシアの教育』東洋書店，2011 年
④アスモロフ，ア・ゲ他『初等学校において普遍的学習行為を如何に形成するか』プロスヴェシェーニエ社，2010 年〈ロシア語〉
⑤岩﨑正吾「ソ連における生涯教育の概念とその展開」川野辺敏監修『世界の生涯学習』エムティ出版，1995 年
⑥「ロシア連邦教育法」（2012 年 12 月 29 日付，連邦法No.273）〈ロシア語〉

第**9**章

フィンランドにおける生涯学習

　社会に出る前に一定の人格を完成させること，教育を未成熟期にかぎり成人になる前に完結させようとする教育制度をフロント・エンドと呼ぶが，生涯学習はこのフロント・エンドを消滅させた。したがって，今日の国際社会では，義務教育という教育の専門用語も基礎教育に変わっている。さらにまた，生涯学習には落ちこぼれはいない。なぜなら一生涯学び続け，最終学歴取得が人によってまちまちとなるからだ。

　フィンランドでは，生涯学習とコンピテンス（教科のコンテンツではなく）・ベースの教育と（国家主義・国益でなく）個人の能力解放を第一義とするネオリベラリズムに守られて，中学3年生にあたる16歳までは他人と比べる競争的なテストはない。教科の得点とか総合点という概念もない。それはなぜか。こここそが「生涯学習」を読み解く核心となる。

▶第1節　民族理解

　フィンランドには，北極圏をとりまく広い地域に定住しているイヌイットと呼ばれる北方少数民族がいた。それが，スカンジナビア半島では，現在サーミと呼ばれる人たちで，遊牧生活を送っている。数は少ないが，サーミ語で小学校教育を受けることもできる。フィン系は，ロシアのウラル山脈南方を期限とする狩猟民族である。この2つは，ウラル語族に属する。

　国土は12世紀にスウェーデン領となり，18世紀にはカレリア地方がロシアに割譲され，19世紀には全土がロシア領となる。1917年のロシア革命期に独立を宣言し，非共産化したフィンランド共和国が1919年に独立した。スウェーデン系住民が数多く残留したので，スウェーデン系住民は文化的には

107

フィン系と対等の権利をもっている。スウェーデン語はフィンランド語と並んで国語扱いにされており，スウェーデン語で小学校から大学まで授業を受けることができる。また国内の案内は二語表記になっている。

人口は550万人で，フィン系が91.7％，スウェーデン系が5.9％，サーミが0.1％，ロマが0.1％，移民は2.7％である。移民を受け入れない政策をとってきたが，今ではEUの方針に沿って難民（ソマリア人，アルバニア人，イラク人，クルド人）を受け入れている。また，歴史的ないきさつで，ロシアからの移民も急増している。移民の子どもたちは，対等のパートナーとして教育される。学校では，フィンランド語が流ちょうに使えるまで補習が続けられる。また，自治体の責任で，義務教育期間は，週2時間の母語保障が実施される。

▶第2節　義務教育と継続教育との接続

日本でいう高校入試はない。したがって，中卒後の進路は，中学の内申点で決まる。希望者には，義務教育を1年延長した中学4年生という制度がある。この制度を利用する者は，2〜4％である。

近年は，進路がはっきりせず進学意欲のない者は，中学4年生よりも職業高校に相当する専門学校に付属する特別クラス（お試しコース）に在籍させるようにしている。さまざまな職業資格を紹介し，本人が学ぶ気になったら専門学校の正課に編入する。学科の学習を嫌う者は，現場で働きながら資格を取る徒弟制度も残っている。また，チームを組んで規則的な日課で学べない者には，専門学校に付属させて，クラブ活動ができるたまり場（ワークショップ，工房）を設けて，特技を身につけさせるようにしている。

継続教育の目的は資格の取得であり，普通科高校はアカデミックな大学（ユニバーシティ）の受験資格を得ること，専門学校は職業資格を取得することが目的となる。

フィンランドは，ほかのヨーロッパの国々と同様に資格社会で，職業資格を前提に就職する。職員の採用も有資格者が優先される。やむなく無資格者が採

用された場合には，給料は有資格者の約半額となる。そのため，大学を卒業して専門資格を身につけなければ，普通科高校卒とか大学中退という学歴は，中卒と同等の意味しかないことになる。

資格社会であるため，教科の学力とか総合点，得点順位，偏差値という能力指標はまず問題にされない。

▶第3節　成人教育と職業教育の歴史―資格向上

1960年代と1970年代には，成人教育は一般市民が自由意志で学ぶこととととらえられていた。1970～80年代にかけては，成人教育・社会教育の主要課題は，教育の機会均等を保障することだった。つまり，成人農民が産業社会に入れば，後期中等教育を受けていないわけで，その不足分を成人教育に求めたからである。

1980年代初頭から1990年代末までは，多かれ少なかれ，「余暇の目標を達成する」ことが成人教育の目的であり，このタイプの成人教育に国民を参加させることが教育政策となっていた。このような福祉政策を担ったのは，社会民主主義政党で，スウェーデンがモデルとなっていた。

1987年に最初の保守政権が誕生する。だが，これ以前でも，教育政策が社会民主党と中央党との政権によって厳しく管理された時期には，教育大臣の多くは保守党だった。

1987～88年にかけて，成人教育機構が整備され，予算がつけられることになって，成人が正規の学校教育制度に入り直さなくても，成人教育施設で学び，職業資格試験を受験することが可能になった。

1987年以降のこのころ，政府が描いた教育施設配置図は図9.1のようである。政府案では，職業専門性を追求する「専門学校－専門職大学」という柱と，学問的専門性を追求する「普通科高校－総合大学」の並行案が採用され，専門職大学の建設という計画と，職業教育と中等教育の統合という計画が現在までゆっくりではあるが進められることになった。

第9章　フィンランドにおける生涯学習　109

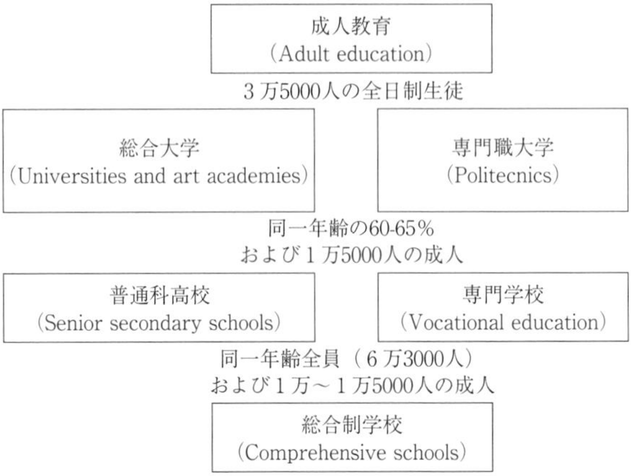

```
┌─────────────────────────────┐
│           成人教育            │
│      (Adult education)       │
└─────────────────────────────┘
        ３万5000人の全日制生徒

┌─────────────────────────────┐   ┌─────────────────────────────┐
│           総合大学            │   │          専門職大学          │
│ (Universities and art academies) │   │        (Politecnics)         │
└─────────────────────────────┘   └─────────────────────────────┘
             同一年齢の60-65％
           および１万5000人の成人

┌─────────────────────────────┐   ┌─────────────────────────────┐
│          普通科高校          │   │           専門学校           │
│  (Senior secondary schools)  │   │    (Vocational education)    │
└─────────────────────────────┘   └─────────────────────────────┘
          同一年齢全員（６万3000人）
        および１万〜１万5000人の成人

┌─────────────────────────────┐
│          総合制学校          │
│    (Comprehensive schools)   │
└─────────────────────────────┘
```

図9.1　将来の教育構造に関する政府提案

出所：Olli Räty. Process Owners and Stakeholders in VET Reforms in Finland. In Ian Finlay, Stuart Niven and Stphanie Young (eds) *Changing Vocational Education and Training: An International Comparative Perspective*. London: Routledge, 1998, 129.

▶第４節　経済不況─職業教育重視

　フィンランドにとっては，思いがけないかたちで教育の世界に大きな変化がおとずれることになる。それは，1991年12月にソビエト連邦が崩壊し，貿易の３分の１を失い，大不況となったからである。当時の教育大臣は，リーイッタ・ウオスカイネン（Riitta Uosukainen, 1991-1994）とオッリペッカ・ヘイノネン（Olli-Pekka Heinonen, 1994-1999）であり，1994年に始まるヘイノネンの時代に教育政策は急速に変化することになる（図9.2）。高等教育評価会議が廃止され，国家教育委員会が成人教育の評価を行うようになった。社会教育は，教育省内の独自の部門として独立させられた。これらの変化は，旧来の人材養成計画が放棄されることを意味した。伝統的な北欧「社会民主主義」福祉国家政策から転換するわけである。

　OECD（経済協力開発機構）は国別の科学技術政策の調査報告を発行していたが，フィンランドには1987年にそれが出版されていた。不況に直面し，

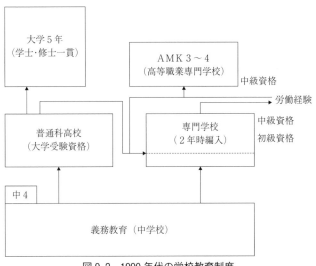

図9.2　1990年代の学校教育制度

フィンランド政府は，OECDの勧告を受けて，職業教育を充実する道を選んだ。

後期中等教育をアカデミックな大学への入学資格を取得する普通科高校と，職業資格を取得する専門学校とに整理し，普通科高校進学よりも専門学校（職業高校相当）進学を促すことになった。おかげで，中学卒業後に職業性を選択する割合が高い（表9.1）。また，アカデミックな大学とは分けて，高等職業専門学校（ammattikorkeakoulu：AMK）という職業系の専門学校を独自に編成した。ヨーロッパのポリテクニク（polytechnic）とは異なる形態をとったので，これにはOECDが疑問を呈することになる。

初級職業教育は3年制の専門学校で行われ，普通課高校卒業生（表9.2）や職場に出た成人が再教育を受ける場合には2年次に編入されるようになった。中級職業教育は，職業体験を経て専門学校に編入学するか，高等職業専門学校に入学することで受けられた。また，アカデミックな大学に入学する場合には，普通科高校に入学することになる。三者を合わせて成人教育となるが，この成人教育受講生は1980年に60万人となっていたが，この成人教育受講者数は増

第9章　フィンランドにおける生涯学習　111

表9.1　中学卒業後の進路　　　　　　　　　　　　（%）

16歳以後 の進路	2001年	2005年	2009年	2010年	2011年	2012年	2013年	2014年
普通科高校	54	53.3	50.2	50.4	49.6	50.0	50.8	51.6
専門学校	36	39.4	41.2	40.7	41.2	41.5	40.3	42.1
10年生	2							
その他	8	7.3	8.6	8.9	9.1	8.5	8.9	6.3

注：2005年より，10年生はその他の欄に入れられている。
出所：*Statistics Finland: Direct transition to further studies of completers of the 9th grade of comprehensive school*

表9.2　修了試験合格者の卒業後の進路　　　　　　　（%）

19歳以後の進路	2005年	2010年	2011年	2012年	2013年	2014年	2015年
専門学校	4.3	4.2	4.2	4.1	4.4	4.9	4.7
専門職大学	18.2	17.4	16.2	15.6	14.3	11.8	10.8
大学	19.5	18.1	17.8	17.8	17.6	16.5	16.4
その他（就職）	57.9	60.3	61.8	62.5	63.7	66.7	68.1

出所：*Statistics Finland: Entrance to education*

加して1990年には160万人になり，不況の影響でその後は伸びず1995年まで横ばいとなった。このうちの3分の2を占める100万人強が職業成人教育（vocational adult education）に参加していた。3分の1は，一般教育（general education）である。1990年には，上層の管理職（upper managerial employers）の83%が成人教育に参加していて，熱心であったといわれる。

▶第5節　成人教育と職業教育の転換─職業主義的な生涯学習へ

　1996年にEUによって「ヨーロッパ生涯学習年」が設定されたが，この年にOECDは知識基盤経済論を構築し，リカレント教育政策を職業主義的な生涯学習制度へと転換した。そこでは，学び方を学ぶこと，意欲をもって自己の人生のために学び続ける力が強調された。いわば，国民教育制度では一生に一

度の職業選択があり，最終学歴が明確にされていた。農民から工場労働者へと人生途中で階層移動を果たした者には，リカレント教育が準備された。ところが，技術革新が激しくなり，経済のグローバリズムによって産業構造の転換が頻繁に起こるようになると，いわゆる転職の時代が訪れ，人生に2度，3度と職業を変えることになる。これに対応するのが生涯学習というわけである。

1991年からの状況をみて，1995年になるとフィンランド政府は，この高等職業専門学校を正規の高等教育機関として位置づけるようになり，最初の専門職大学は1996年8月にスタートした。

ヨーロッパの変化に合わせて，フィンランドの成人教育政策でも，生涯学習と継続的リニューアルが個人の生き残り戦略として重要だと強調されるようになった。その結果，政府による成人教育政策の定義は，職業成人教育（vocational adult education）がより重視されるものへと変化した。

1999年，パーヴォ・リッポネン首相の下で社会民主党出身の教育大臣が就任し，「グローバルで不可避の変化」を政党間で合意して，フィンランドの教育政策はヨーロッパ諸国に合わせて根本的に変化する。

高等職業専門学校（AMK）は，ポリテクニクと同列の資格となり，専門職大学（ユニバーシティ・カレッジ）を名乗るまでとなり，高等教育の一角を占めるようになった。政府の教育制度によると英語表記ではポリテクニクとなっているのだが，最近は「応用学大学（University of Applied Science）」というようにユニヴァーシティ，もしくはほかのヨーロッパ諸国と同じく University College を名乗っている。また，博士課程もおくことができるようになった（図9.3）。

また，高等教育全体は，ボローニャ・プロセスに合わせ単位制の導入，国際的な水準維持，英語による授業拡大と留学生の獲得へと向かうことになる。

2000年以降，成人は職業学修（vocational studies）に参加することに時間をますます使うようになった。成人が訓練を受けるとは，仕事に備えるとか労働市場に準備することになった。労働生産性の向上と国民の経済生活の成功が，フィンランドの成人教育の圧倒的な目標となった（Rinne & Vanttaja, 2000）。

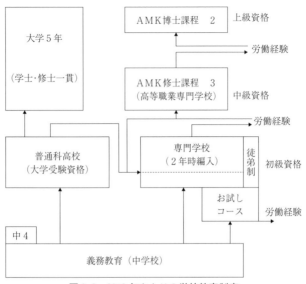

図 9.3　2010 年あたりの学校教育制度

▶第 6 節　専門学校の構成

　専門学校オムニアは，エスポー，カウニアイネン，キルッコヌンミの 3 市 (26 万人) でつくるエスポー地区自治体共同立の大規模な専門学校で，表 9.3 のように無資格者への教育から起業まで多彩なプログラムを提供している。いわば，職業高校と成人教育センターが統合されたようなものだ。

　オムニアの一般科目は，母語 4 単位，第二母語 (スウェーデン語) 1，外国語 (英語) 2，数学 3，物理・化学 2，社会・ビジネス・労働市場 1，体育 1，保健 1，美術・文化 1 である。選択科目として，一般科目の追加 (4 単位まで)，環境，情報通信技術 (ICT)，倫理，文化知識，心理学，起業家精神がある。このような科目構成から，専門学校 (vocational school) と呼んでも国際的には後期中等教育として捉えられている。

　教科の成績評価は，コンピテンス・ベースと呼ばれる実技で行われる。実技

表9.3　専門学校オムニアの部門構成

部　門	提供する教育
専門学校	16 歳以上 職業教育，上級職業教育，専門家職業教育 10 年生付設
成人教育センター	18 歳から 60 歳まで，労働体験者
徒弟教育センター	理論教育（20%）と労働体験（80%）
青年作業場	16 歳以上 25 歳未満まで。5 か月。同一施設では 1 回のみ。 労働体験
起業施設	企業研修

出所：福田誠治『フィンランドはもう「学力」の先を行っている―人生につながるコンピ
　　　テンス・ベースの教育』亜紀書房，2012 年，128 頁

試験には，企業代表も試験官として加わる。なぜなら，企業の雇用者にとっては，テストで測る理論的知識は十分ではないからだ。評価の質は，改善中だそうだ。また，習得した技能は，生徒自身，教員，職場指導員によって評価される。しかし，教員は評価の方向性を示し，生徒と日ごろ接している現場指導員もまた重要な役割を果たす。

　オムニアの教科横断的な学習共通テーマは，①国際化，②持続可能な発展，③テクノロジーと情報通信技術の利用，④起業家精神，⑤消費者サービスとその質，⑥消費者技能，⑦労働保健安全である。

▶第 7 節　専門職大学と大学

　専門職大学の設立目的は，労働市場の急速な変化に対応する人材養成である。専門職大学の専攻分野は，テクノロジーと運輸，管理と商業，社会サービスと保健といった部門である。この部門の労働者の 8 割は，専門職大学の出身者で埋められている。端的にいえば，総合大学に比べてより地域の企業の要請に応じて，地域に必要な人材を供給するための，地域の重要な教育機関となってい

表 9.4 専門職大学の推移

年	暫定校数	認可校数	新入生数 （うち女性の割合）	卒業生数 （うち女性の割合）
1995	22		10,540 (51.0)	1,638 (68.4)
1996	19	9	18,153 (54.0)	4,580 (55.4)
1997	15	16	27,493 (54.4)	5,956 (56.8)
1998	13	21	31,887 (57.1)	6,971 (59.9)
1999	8	25	33,149 (56.7)	9,890 (64.3)
2000	1	30	33,562 (57.1)	14,178 (64.6)
2001	1	30	33,001 (57.0)	18,045 (64.5)
2002	1	30	34,691 (54.5)	20,462 (63.9)
2003		31	36,701 (55.1)	20,588 (63.2)
2004		31	36,483 (56.3)	20,821 (62.4)
2005		31	36,911 (56.5)	21,397 (62.8)
2006		31	36,276 (55.7)	21,006 (63.6)
2007		30	36,632 (55.5)	20,969 (63.5)
2008		28	36,999 (56.6)	21,812 (63.5)
2009		28	38,197 (54.8)	21,039 (63.9)
2010		27	39,454 (55.1)	21,899 (62.9)
2011		27	38,839 (54.6)	22,898 (63.3)
2012		27	38,300 (56.9)	23,914 (62.6)
2013		27	37,511 (55.9)	24,833 (61.5)
2014		26	38,574 (55.4)	25,002 (62.1)
2015		26	38,671 (55.5)	26,175 (62.1)
2016		26	38,598 (54.4)	25,713 (62.4)

出所：Statistics Finland: *Students in universities of applied sciences and completed university of applied sciences degrees 1995 to 2016.*

るということである。フィンランドでは南部の沿岸部と北部および東部の森林地帯とは産業が大きく異なっていた。そこで，フィンランドの総合大学も，すでに 1960〜1970 年代にかけて地域とのつながりをもつようにし，そのことを特徴としてきた。専門職大学は，産業の発展に合わせた，さらに地域性を重視した専門家養成を実現しようとしている。専門職大学の管轄は教育省だが，運営は地方自治体もしくは自治体連合が行っている。

その後，義務教育後教育の拡大を目的として，既存の技術系，ビジネス系の専門学校と旧来の中等職業専門学校とを再編成して，専門職大学網がフィンランドに建設されることになった。1999年時点での在学生数は，総合大学の学生が15万2000人，専門職大学の学生が10万人である。その後，表9.4のように学生数は増加しており，高学歴社会に突入している。また，女性が多いことも特徴である。

▶第8節　職業資格制度—生涯学習の見える化

　フィンランドにおける現在の職業資格制度は，1994年の教育改革期に始まった。「職業資格法」と「職業資格に関する政令」1994年4月1日施行となっている。職業の資格分類については労働省が担当し，職業資格の養成については教育省，実際には国家教育委員会が担当している。実践力に基づくコンピテンス・ベース資格制度は，1994年以来，実現に向けて動き出した。この制度は，後期中等教育段階の職業教育と，職場における技能習得とを生涯学習というかたちで結びつけようとするものである。学校の教師は実技指導員と協力し，成人の職業技能を維持・強化し，自営業として仕事に就く力を身につけさせ，労働生活を発展させ，雇用を促進し，生涯学習を支援することが目的だと国家教育委員会は説明している。

　その後改訂が加えられ，1999年1月1日からは，1998年採択の諸法律によって職業資格制度は運営されている。後期中等教育相当の基礎職業教育・訓練は，「職業教育法」および「職業教育に関する政令」で規定されている。そこには，それまで存続していた「徒弟制度」も含まれている。また，同年採択の「成人職業法」および「成人職業教育に関する政令」により，コンピテンス・ベース資格は管理されている。教育省は，資格の内容を定めた「資格枠組み」を作成し，それを毎年更新することになった。

　科目をグループ化して「資格モジュール」を編成し，指定された「資格モジュール」をすべて修了すれば「資格証明」が与えられ，そこには個々の科目の評価も記入される。モジュールとは，実業系大学の短期的な履修課程のことで，職業資格を組み立てるユニットとなるとみなされる。この科目編成方式は

英国で発展したが，今後は，それが国際規格へと統一される勢いである。

　評価はコンピテンス・ベース資格制度に基づき雇用者側と学校もしくは教育提供者が協同で行い，実技に関する部分の証明は「評価委員会」が行う。

▶第9節　今日の成人教育

　フィンランド政府によると，成人教育施設は表9.5のように分類されている。最新データは2006年のものだが，成人教育への参加率は，18-24歳で43％，25-34歳で58％，35-44歳で61％，45-54歳で56％，55-64歳で37％であり，平均で52％となっている（Statistics Finland：*Participation in adult education and training by age in 2006, updated 31.12.2008*）。

表9.5　フィンランドの成人教育施設

(1) 一般的および趣味志向	①成人向け普通科高校，②フォルケ・ホイ・スコーレ，③成人教育センター，④学習サークルセンター，⑤スポーツ教育施設，⑥芸術施設・音楽施設，⑦夏期大学
(2) 職業志向	①職業教育施設，②成人向け職業教育センター，③総合大学付属継続教育センター，④専門職大学，⑤家政学専門施設，⑥手交・デザイン施設
(3) その他，有料施設	——

【福田　誠治】

［主要参考文献］
　①Risto Rinne and Markku Vanttaja. New Directions of Adult Education Policy in Finland. In Sigvart Tøsse, Pia Falkenerone, Arja Puurula and Bosse Bergstedt（eds）*Reform and Policy: Adult Education Research in Nordic Countries. Trondheim:* Tapir Academic Press, 2000.
　②福田誠治『フィンランドはもう「学力」の先を行っている―人生につながるコンピテンス・ベースの教育』亜紀書房，2012年

第10章

韓国における多文化教育と
地域社会のNPO活動での平生教育

　韓国の地域社会におけるNPO活動の展開として，多文化教育の視点から政策的取り組みと実践的取り組みについて考察することを目的とする。中央アジアのウズベキスタンとカザフスタン出身の高麗人が居住する「高麗人村」として知られる光州広域市光山区一帯に形成された高麗人集住地では，彼らを対象に支援を行っている。代表者へのインタビューと参加観察を通して，高麗人の韓国移住と定着過程について考察する。

　ソ連解体後の中央アジア諸国，とくに民族と宗教をもとにした民族主義の勃興と国家経済の悪化に直面した高麗人は近隣のロシアのほかに，遠く韓国へも国際移住している。現在，韓国に移住してきた高麗人は，外国人移住者としてみなされている。高麗人のみの条例を制定・試行するためにNPO関係者はサポートを行っている。実際に，韓国における高麗人の位置づけについてさまざまな議論が行われている。したがって本章では，これまでの光州地域市における高麗人社会の形成と維持をサポートする少数の韓国人の積極的な取り組みや，高麗人が移住者として韓国社会に定着するためにしてきた取り組みにも注目する。

▶第1節　韓国社会について

　大韓民国，通称韓国は，朝鮮半島（韓半島）南部を実効支配する東アジアの共和制国家であり，戦後の冷戦で誕生した分断国家である。高麗は英名 Korea（現代韓国語読み：コリョ）に通ずる。国土面積は日本の約26％で（北朝鮮を除く），山地が多く平野部は少ない。森林と農地で国土の約81％を占める。ソウル首都圏には全人口5000万人の約半数が居住し，世界の都市圏人口の順位は

第5位である。海上では南と東に日本，西に中華人民共和国と各々国境を接する。

韓国の行政安全部（2016年）によると，在住外国人の人数は204万9441人で前年より11.4%増加したという。在住外国人の数は，韓国の総人口（5169万6216人）の約4％に達する。この数は，韓国に90日以上滞在する長期滞在者の登録外国人と韓国籍の帰化者，外国人の子どもを含めたものである。

韓国は，1945年8月15日の日本統治からの解放後アメリカ軍政統治を経て，1948年8月15日に大韓民国政府が樹立され，同年に「大韓民国憲法」に基づき政治体制の基盤が定められた。その後，独裁政治体制から軍事政権を経て民主化へと続く政治体制の変化がみられた。

日本の場合は，1945年以降アメリカ中心の連合国軍の支配のもとで，1946年に「日本国憲法」が定められ，国民主権の民主主義国家として再生された。いっぽう韓国では，政治面の動向として1980年代半ばまで独裁体制がとられていたが，1987年の民主化宣言によって成立し，現在まで続いている第六共和国憲法に基づく体制は民主主義政体と評価される。韓国の議会は単院制で，大統領に権力が集中されている。

▶第2節　韓国の教育制度について

（1）韓国の学校教育制度について

韓国の学校教育制度は（図10.1参照），日本と同じ6-3-3制で日本の小学校にあたる初等学校と中学校が義務教育である。高等学校には，一般高校，特殊目的高校，特性化高校といった目的に応じて設立された類型がある。進学の平等をはかる平準化政策による全体の約70％を占める一般高校の入学者は学区内の学校に主に抽選により決定される。芸術高等学校，体育高等学校，科学高等学校，外国語高等学校といった特殊目的高校には，入学者選抜のための試験がある。

大学，教育大学，放送通信大学などの高等教育機関は4年制（医科などは6

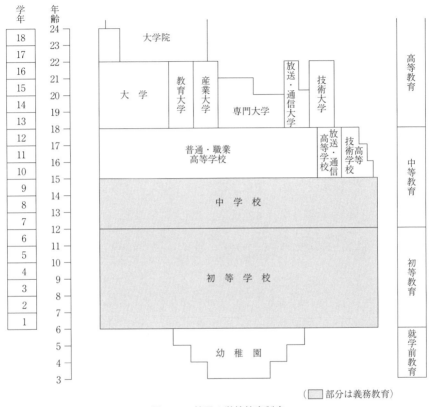

図10.1　韓国の学校教育制度
出所：韓国の教育部の資料に基づく

年）であり，短期大学に相当する2～3年制の専門大学もある。大学入試は日本の大学入試センター試験に相当する「修能（スヌン）」の成績に大きく依拠して入学が決まる方式と，推薦入試やAO入試など各大学が独自に実施する「随時入試」により入学する方式がある。

（2）韓国の平生教育における多文化教育の背景

韓国の憲法第31条によると，「国家は平生教育を振興するべき」と規定しており，同様に教育基本法第3条には，「全ての国民は平生にかけて学習し，能

力と適性による教育をうける権利をもつ」と規定されている。1999年には「社会教育法」から「平生教育法」に法名が改正された。韓国における平生教育は，日本の社会教育・生涯学習にあたる言葉である。

　韓国社会は1980年代後半からの結婚移住者の増加や雇用許可制の導入による海外からの移住労働者の数の増加により，急速に多文化社会化しつつある。

　韓国では2007年5月に外国人基本法にあたる「在韓外国人処遇基本法」と2008年3月に「多文化家族支援法」が制定され，2009年12月には「多文化基本法」が発議された。

　多文化家族・家庭の意味は，「多文化家族支援法」の第2条の定義に従えば，大韓民国の国民と婚姻したことがある，あるいは婚姻関係にある在韓外国人（「在韓外国人処遇基本法」第2条）たる結婚移住者と出生・養子・帰化（「国籍法」第2～4条）によって大韓民国国籍を取得した者と構成された家族・家庭であるとされている。2012年3月現在，全国244の自治体のなかで，139（60％）の自治体における多文化家族支援に関する条例が制定・施行されている。多くの自治体の条例名は，「多文化家族支援条例」であるが，そのほか「多文化家族支援センター運営条例」や「居住外国人及び多文化家族支援条例」「多文化家族支援条例」「脱北者及び多文化家族支援に関する条例」などがある。このような条例に基づく施策および支援事業の主な内容は，①韓国語教育，②児童養育指導・家族相談，③社会適応教育と職業教育・訓練であり，また，④家庭内暴力被害の結婚移住者と子どもに対する保護・支援，⑤地域社会の生活に必要な基本的な情報提供や健康管理の支援などである。

▶第3節　平生教育における地域教育機関および関連団体

（1）地方自治団体の平生教育施設における多文化家庭支援

　多文化家庭の政策において地方自治体は省庁の政策を遂行する一方，地域の状況に合わせて自ら政策を樹立・推進する役割を担当している。担当公共機関としては，多文化家族支援センター，外国人勤労者センター，国際交流財団，

総合社会福祉館などがある。協力団体としてはキリスト教や仏教などの宣教センターがあり，NPO・NGO としては外国人勤労者相談所や，移住女性人権センターなどがある（行政安全部）。

（2）地域平生教育振興院の機能

2008 年の平生教育法の改正により，既存の平生教育推進体制における大きな変化があった。まず，以前の韓国教育開発院の付属センターとして存在していた平生教育センターと教育庁の傘下機関に指定されていた地域平生教育情報センターが新たに国家平生教育振興院として再組織された。また広域自治体の推進体制として，市道平生教育振興院の設立および指定が可能になった。つぎに，国家レベルの平生教育振興院と市・郡・区レベルの平生学習館につながる垂直的連携体制は，平生教育協議会を通した水平的連携体制が確立されたことによって，行政機能，執行機能，審議機能を有機的に連携した政策が打ち出されるようになった。さらに，今まで教育庁の下にあった地域平生教育情報センター，平生学習館，平生教育協議会が市・道知事および基礎自治体長の所管する市・道平生教育振興院，市・郡・区平生学習館および市・道，市・郡・区平生教育協議会に変わることになり，地方自治体長の参与，権限，義務が拡大されたのである。つまり，広域自治体と基礎地方自治体，一般行政と教育行政がともに協力できるような体制に転換したのである。

以下では，地域における多文化教育の取り組みおよび平生学習の取り組みについてみていくことにしたい。

▶第 4 節　高麗人移住者ネットワークについて

（1）高麗人マウルの背景

光州広域市光山区ウォルゴク洞とサンジョン洞一帯には，「高麗人マウル（村）」として知られている中央アジアのウズベキスタンとカザフスタン出身の「高麗人集住地」が形成されている。2013 年 9 月現在，外交部在外同胞の現況

資料によると，中央アジア，ロシアなど旧ソ連に居住している「高麗人」の数は，およそ 55 万人と推定されている。このうち 17 万 1000 人のウズベキスタン高麗と 10 万 3000 人のカザフスタン高麗人を含む中央アジアの高麗人の数は約 30 万 4000 人にのぼる。1991 年にソ連の解体により，独立国家となったウズベキスタンとカザフスタンの高麗人は，彼らの国家で興きはじめた民族とイスラムをもとにした民族主義の影響を受けている。とくに独立後，失業や国家の経済状況が悪化したウズベキスタン高麗人は「生きるため」にロシア沿海州で再移住をしたり，周辺国や韓国へ国際移住をしている。

　いっぽう，韓国では 3 K 業種に従事する低賃金労働力の不足で，主にアジア諸国出身の単純労働力の国内流入が続いている。2007 年に導入された特別雇用許可制である「訪問就業制」の実施以来，中央アジア，ロシア一帯より多くの高麗人が国内に流入している。2013 年 8 月現在，中央アジアとロシア一帯の国から国内に流入された外国人労働者は約 5 万 3000 人である。このうち，訪問就業者ビザ（H-2）と在外同胞ビザ（F-4）を所持し高麗人と推定される人は，約 1 万 8330 人である。ここに永住ビザ（F-5）の所持者，結婚移住者，短期訪問ビザ（C-3）の所持者だけでなく，不法滞在者まで含めると，国内に約 4 万人の高麗人が居住していると推定される。現在，京畿道安山一帯を中心に首都圏に約 1 万人の高麗人が工業団地，建設現場，農村に就職しており，（ギム・スンリョク，2013：227-230），光州広域市にも約 1000 人の高麗人が居住していると推定されている。

　2013 年 6 月基準，光州広域市は，人口 114 万 5631 人の約 1.04％に相当する 1 万 5436 人の外国人が居住しており，外国人居住率は全国平均に比べて低い。これは，ほかの大都市に比べて，光州地域の産業基盤が相対的に脆弱だからである。光州広域市管内 5 つの区のなかで，外国人労働者が密集居住しているところは，河南工業団地，平洞工業団地，ソチョン工業団地などの産業団地の地区が集まっているグァンサン区である。2013 年 11 月 15 日，光州広域市光山区多文化チームが提供した資料によると，グァンサン区は光州滞在外国人全体の約 49％に相当する 7593 人が居住している。

2004 年から少数の高麗人が工業団地とアクセスがよいグァンサン区ウォルゴク洞とサンジョン洞の一帯に初期定着して，新しい高麗人移住者が合流して一帯に高麗人口が増加し，近所の住民がこの一帯を「高麗人マウル」と呼び始めた。近くの村の人々が「高麗人の村」と呼びはじめたというが，実際は，高麗人サポートを目的とした「高麗人センター」自らがこの呼称を広めたと考えられる。

韓国語を駆使する高麗人がほとんどいないため，初期定着，求職，育児，子どもの教育などの生きていく問題を解決するために，新しい移住者は，既存の定着高麗人移住者の助けを必要とする。高麗人の数が増え，高麗人をサポートする「高麗人センター」「高麗人保育園」「高麗人児童支援センター」などが順番に開かれることによってウォルゴク洞とサンジョン洞の一帯が光州高麗人の密集住居地の姿を整えはじめた。

（2）高麗人マウルの集住地とネットワークの取り組み

韓国語に不慣れな高麗人は，職場内の賃金未払いや産業災害だけでなく，医療の問題などのさまざまな困難に直面している。高麗人支援のための「高麗人センター」が 2009 年 1 月にウォルゴク洞に開かれた。

長年の韓国生活によって韓国語が上手なセンター長であり，ウズベキスタン出身の S さんとセンター理事長・牧師の L さん，高麗人協同組合 Y 事務局長は，未就業の高麗人への就職幹旋，外国人登録などの公的業務，通訳支援，未払い賃金解決，送金業務支援など，さまざまな支援活動を行っている。

「高麗人センター」「高麗人保育園」「高麗人児童支援センター」のあるウォルゴク洞は，高麗人マウルの中心地として役割を果たしている。また，高麗人食料品店，旅行代理店，ウズベキスタンレストランなどが次々と高麗人センター近くにできた。

いっぽう，ウォルゴク洞一帯に高麗人を含む移住労働者の人口が急増し，「路上飲酒，ゴミ無断投棄，盗難事件など小さな事件が起きて，地域住民と移住労働者との間の摩擦が起こるなど，町内の住民の不満の声が高くなり始めた。

……〈インタビューの内容〉」といった周辺韓国人の不満の声が出始めた。

これに伴い，「高麗人センター」は高麗人の移住者と住民間の交流を深めて，相互理解を広めるために，2013年10月に「高麗人マウルをきれいにする奉仕団」を立ち上げた。同センターは，毎週末，高麗人の家ごとに班を編成して高麗人と地域住民とともにゴミ掃除をした。肩に「高麗人マウルをきれいにする奉仕団」という帯を巻いて"ごみをむやみに捨てない！""路上飲酒禁止！""ゴミの分別徹底！"などのプラカードを持って近所の住民とともにウォルゴク洞と主要幹線道路の一部をきれいにしている。

高麗人マウル近くには，共働き夫婦の高麗人の子どものために「新しい日保育所」(2012年開所) が設けられている。保育園では，高麗人の教師3人と地域の大学のボランティアが8～9人の児童を保育している。韓国語に慣れていない3人の高麗人教師は，児童の世話と教育を主にロシア語で行う。このような理由から，一部の高麗人の親は「新しい日保育園」が韓国語の学習には適切ではないと考えるものの，保育園は家から近く，自分たちの代わりに帰宅時間まで子どもの世話をしてくれるという点から，この保育園に子どもを預けているという。また，「高麗村地域児童センター」(2013年開所)，「高麗人村協同組合」(2013年設立) が順次できた。また，中途入国した高麗人子女の学校教育が可能な国内初の「公立」委託代案学校である「セナル（新しい日）学校」をグァンサン区に設置している。セナル学校は，国際結婚と移住労働で韓国に定着した外国人の中途入国子女のための学校であり，2009年2月に開校された。高麗人の子どもを含むほかの国籍の子ども61人が在籍している。在学中の高麗人学生の年度別入学状況は，2011年以来，継続的に増えている (2010年1人，2011年4人，2012年7人，2013年6人)。現在，セナル学校に高麗人学生18人（ウズベキスタン17人，ロシア1人）が通っているが，グァンサン区在住の高麗人は，子どもが「公立」学校に通うことができる点が光州居住の最も魅力的な部分の1つと考えているという。また，高麗人センター理事長が運営するインターネット放送「分かち合い放送」では，2011年以来，高麗人を含む移住労働者，セナル学校，在外同胞移民政策に関するニュースを流している。

「分かち合い放送」は，高麗人マウルの動向や同胞ビザの問題など高麗人記事をとくに多く載せている。そのため，高麗人以外の多くの地元の人々に知ってもらえるように積極的な活動を行っている。

（3）活動の成果と今後の課題

高麗人の韓国への移住は，2007 年在外同胞のための「訪問就業制」導入後，急激に増加した。中央アジアの高麗人の韓国への移住は，その国の政策的圧迫と悪化した経済状況および在外同胞に対する韓国政府の一部友好的な移民政策が，排出と吸引の要因として作用したと考えられる。

高麗人マウルが形成されているものの，すべての高麗人が工業団地の賃金労働者であるため，経済的独立性と持続性を短期間内に確保することは容易ではないようだ。高麗人マウルの形成と「高麗人センター」の積極的な支援活動は，初期の高麗人移住者の定着に大きな力になる。ただし，多数の高麗人が韓国での永住を望んでいることを考慮すると，高麗人社会は韓国社会から隔離されないように，さまざまな制度や規範と韓国語の学習にも体系的な関心をもつべきである。

これまで，光州の「高麗人センター」を実際にサポートし，韓国人に対する継続的なサポートの関心を掘り起こした側は，高麗人の当事者ではなく，高麗人センター理事長など少数の韓国人であった。この韓国人たちは，センター設立から高麗人支援条例公布に至るまで高麗人社会内外で主導的な役割を果たした。他方，高麗人の移住者は，韓国人協力者の主導する高麗人関連行事の準備における補助的な役割を果たしてきた。高麗人の移住者も，地域の構成員として参加しているともいえる。

つまり，地域構成員としての個々人が地域社会に統合され，自己のアイデンティティを実現し，地域社会における生活を肯定的に捉えられるようになるにはこうした自発性とマイノリティへの配慮という民主主義が不可欠である。

【呉　世蓮】

［主要参考文献］

①朝倉征夫『多文化教育――一元的文化，価値から多様な文化，価値の教育へ』成文堂，
　1995年，3頁

② James A. Banks, Multicultural Education: Theory and Practice, Allyn and Bacon,1981.

③고광신. 『국내거주 고려인의 심리·사회 적응에 영향을 미치는 요인에 관한 연구』. 서울
　기독대 학교 대학원 박사학위논문. 2011.

④김영술·홍인화. "중앙아시아 고려인의 광주지역 이주와 문화변용에 관한 연구." 『디
　아스포 라』. 13:1. pp.131-161. 2003.

※本研究は公益財団法人ヒロセ国際奨学財団研究助成金によって行われている。

※ 2015 년 2 월 11 일 고려인마을　인터뷰에 基づく。

第11章

中国における多文化・多民族共生と終身教育

　多文化・多民族の国，世界一の人口大国，そして急速に成長している社会主義大国として，中国の教育は独自の道を歩んできた。本章では，現代中国における少数民族教育の推進および終身教育の取り組みを考察し，その特徴と動向を検討していく。

▶第1節　多文化・多民族の国家としての中国の概況

　アジア大陸の東部，太平洋の西岸に中国という長い歴史をもつ国がある。中国の国土面積は約960万km²であり，23省，4直轄市，5自治区，2特別行政区が含まれている。紀元前17世紀ごろの中国（当時は殷王朝）では，漢字がすでに使用されるようになっている。その後，春秋戦国時代を経て，紀元前221年に始皇帝による大陸統一から，中国は2000年以上続く封建時代に入った。1912年，最後の封建王朝である清王朝が辛亥革命により滅亡し，中華民国が成立した。第二次世界大戦後の1949年，中華人民共和国が中国共産党によって建国された。

　国土の広い国として，多文化・多民族も中国の特徴の1つである。2016年4月，中国国家統計局により公布された『2015年全国1％の人口サンプル調査データ公報』によれば，中国本土総人口の13億7349万人のうち，漢族人口は12億5614万人であり，総人口の91.46％を占めている。55の少数民族の総人口は全国総人口の8.54％しか占めていないのであるが，1億1735万人という巨大な数字である。

　多文化・多民族の共生という理念は新中国（中華人民共和国）成立の前に提出されたものである。辛亥革命（1911年）後，「国家の根本は，人民にあり…

129

漢，満，モンゴル，回，チベット諸族を一人のように団結することでこそ民族の統一である」（楊聖敏，2009：150）という「五族共和」の理念が中華民国の創立者である孫文により打ち出された。さらに，五大民族を象徴する「五色旗」を中華民国の国旗とされていた。

新中国の成立後，1950〜1970年代まで，20余年間をかけて全国規模の民族識別調査が3回行われた結果，中国は漢民族と55の少数民族から構成される多文化・多民族の国であるとされた。少数民族人口の増加がめざされており，少数民族に対する「一人っ子政策」が実施されていないため，近年，少数民族人口は増えているが，漢民族と少数民族の格差だけではなく，各少数民族間も大きなちがいがある。たとえば，55少数民族のうち，最も人数の多い民族はチワン族（主な生活区域は広西チワン族自治区）で，約1617万8811人であり，最小の民族はロッバ族（主な生活区域はチベット自治区）で，約2965人である（崔淑芬，2012：28-34）。

現行の中国憲法（1982年12月4日公布，2004年3月14日修正）には，「中国各民族の人民は，ともに輝かしい文化を創造し…中華人民共和国は全国各民族の人民が共同で作り上げた統一の多民族国家である」（序言）および「中華人民共和国各民族は一律に平等である」（第四条）と規定されている。新中国の成立とともに，国家民委（中華人民共和国国家民族事務委員会，1949年10月22日創設）という少数民族問題を統括的に解決する国家レベルの専門委員会が設置された。つまり，国家の安定的発展を実現するために，少数民族に関する問題は非常に重視されている。現代中国の権威的民族学者である費孝通（1910-2005）が主張したものだが，「中華民族」という概念は漢族だけではなく，56の民族が互いに影響しつつある「多元一体構造」である。

中国共産党を執政党とする社会主義国家として，中国の根本政治制度は「人民代表大会」制度である。つまり，全国各民族の人民が各地方の人民代表を選出し，さらに，各地方の人民代表がその上のクラスの人民代表を選出するわけである。最高レベルの全国人民代表大会人民代表人数の上限は3000人とされている。各レベルの権力機関（政府と法院，検察院）の主要構成員はそのレベ

ルの人民代表によって選出されなければならない。現任の中国共産党総書記
（2012年当選）兼国家主席（2013年当選）は習近平であり，国務院首相は李克強
（2013年当選）である。

　改革開放（1978年）政策が実施されて以来，中国における急速な経済発展が
展開されており，現在では，世界第2位の経済大国になっている。世界最大の
社会主義国家として，政治制度だけではなく，中国における多民族・多文化教
育と終身教育システムも独自の特徴があり，以下で詳述する。

▶第2節　中国の教育制度

　1949年，新中国成立の当時，全国総人口5億人のうち，80％以上は非識字
者である。建国後，教育事業を推進するために，1951年に「学制の改革に関
する決定」が政務院（現在の国務院）により公布され，旧ソ連の教育モデルが
取り入れられた。改革開放以降，教育システムが全面的に再構築された。図
11.1が示しているように，基本的には，日本と同様に「6‐3‐3‐4」学制が
実施されている。

　改革開放期に入って以来，中国の教育システムは飛躍的に発展している。教
育経費は1978年度の76億2300万元から2014年度の3兆2806億4600万元に
激増し，高等教育（大学本科と専科）の在学者数は1978年度の85万6300人か
ら2013年度の3460万人に昇っている（教育部公式データ）。同時に，「中華人
民共和国義務教育法」（1986年），「中華人民共和国教師法」（1993年），「中華人
民共和国教育法」（1995年）など，教育の発展に関する法律・法規が次第に公
布されている。とくに，「民弁教育促進法」が2003年から実施され，公立教育
だけではなく，私立教育の振興も図られている。

　しかし，こうした教育の発展においても，以下のように問題点が現れている。

　①素質教育：人口大国として，学校の数が不足している状況が根本的に解決
されていない。高等教育機関への入学，とくに名門大学に合格することはきわ
めて困難である。中国の子どもたちは生まれてから激しい競争に直面している。

年齢	学年				
27	22	博士			
26	21	博士			成人学習者向けの継続教育
25	20	博士			
24	19	碩士（修士）			
23	18	碩士（修士）			
22	17	碩士（修士）			
21	16	大学本科			
20	15	大学本科	大学専科	高等職業教育	
19	14	大学本科	大学専科	高等職業教育	
18	13	大学本科	大学専科	高等職業教育	
17	12	一般高級中学（高校）	中等職業教育（中等専業学校，技術学校，職業高級中学）		
16	11	一般高級中学（高校）	中等職業教育（中等専業学校，技術学校，職業高級中学）		
15	10	一般高級中学（高校）	中等職業教育（中等専業学校，技術学校，職業高級中学）		
14	9	初級中学（中学校）	職業初級中学		
13	8	初級中学（中学校）	職業初級中学		義務教育
12	7	初級中学（中学校）	職業初級中学		
11	6	小学（小学校）			
10	5	小学（小学校）			
9	4	小学（小学校）			
8	3	小学（小学校）			
7	2	小学（小学校）			
6	1	小学（小学校）			
5		学前教育（幼稚園，学前班）			
4		学前教育（幼稚園，学前班）			
3		学前教育（幼稚園，学前班）			

図 11.1　中国の教育制度

出所：袁貴仁主編『中国教育』（北京師範大学出版社，2013 年，11 頁）を参照

小学校から，教育部の「教学大綱」に規定される知識を中心として勉強しなければならない。1990 年代以来，こうした「教科書中心」の「応試教育」（受験教育）の弊害が認識されるようになり，「素質教育」という理念が提出された。1993 年，中国共産党中央委員会，国務院により公布された「中国教育改革および発展の綱要」では，「小中学校における基礎教育は応試教育モデルから国民の素質を高める教育モデルに移行すべきである。…児童生徒の思想道徳，文化知識，科学技術，労働技能および身体・心理素質を向上させる」と，子どもの全面的発達（素質教育）が課題とされている。

　②教育の均衡発展問題：1980 年代以来の 30 余年間，中国における経済の高度成長が遂げたが，発展の不均衡問題が存在している。ここで，農民工子女教育問題を例としてあげよう。改革開放の初期，都市部，沿海部が優先的に発展

する戦略がとられており，農村部の発展は比較的に遅れている。そのため，都市部，沿海地区へ流入する出稼ぎ労働者の規模が拡大しつつある。これらの労働者の大多数は農村出身者（農村戸籍）であるため，「農民工」と呼ばれている。中国国家統計局の公式データによれば，2016年度，全国農民工の人数は2億8171万人という巨大な社会グループになっている。しかし，中国特有な戸籍制度（学齢児童の公立学校への入学は本地区の戸籍が必要とされる）により，彼らの子どもの教育はきわめて困難な状況にある。2015年末まで，都市部の農民工子女（義務教育段階）の人数は1367万1000人（小学校1013万5600人，中学校353万5400人）に達している（楊東平，2017：182）。これらの農民工子女のほとんどは都市部の私立農民工子女学校（戸籍不問）で就学している。子どもの教育の場として，農民工子女学校は農民工子どもにとってはきわめて重要な存在であるが，校舎や設備が整備されておらず，学校運営もきわめて不安定であるため，子どもたちに良質な教育を与えることが実現されていないのが現実である。

▶第3節　中国における多文化・多民族の共生

（1）中国における少数民族区域自治制度と少数民族教育

　中国における少数民族政策の特徴をいえば，民族の区域自治制度が重要である。新中国成立後，少数民族人口の主要居住地区に「少数民族自治区」が設置されている。新疆ウイグル自治区，内モンゴル自治区，広西チワン族自治区，寧夏回族自治区，チベット自治区（ともに省レベル，日本の県レベルに相当）という5つの少数民族自治区がある。さらに，各省・市のなかにも，少数民族自治州や自治県が設置されている。こうした少数民族自治区・州・県の自治権は憲法で以下のように規定されている。

　①「民族自治地区の自治機関は，自治区，自治州及び自治県の人民代表大会及び人民政府である。…自治区，自治州及び自治県の人民代表大会には，区域自治を実施する民族の代表のほか，その行政区域内に居住する他の諸

民族も，適当の数の代表を持つべきである」（第 112-113 条）

② 「民族自治地区の人民代表大会は，本地区民族の政治，経済，文化の特徴に基づいて，自治条例及び単行条例を制定する権限を有する」（第 116 条）

③ 「民族自治地区の自治機関は，本地区の財政を管理する権限を有する。国家の財政制度により，民族自治地区に属する財政収入は，すべて民族自治地区の自治機関が自主的に分配し，使用する」（第 117 条）

建国後，少数民族の人材を育てることがめざされ，中央民族大学（北京市，1951 年創立），雲南民族大学（昆明市，1951 年創立），西北民族大学（蘭州市，1950 年創立）などが創設された。これらの少数民族大学は少数民族の言語や文化の伝承と少数民族幹部の養成に努めている。

少数民族の初等，中等教育状況をみてみよう。2015 年度，小学校における少数民族子どもの人数は 1094 万 9711 人であり，総人数の 11.30％を占めている。一般初級中学校在学生の 11.15％は少数民族学生であり，480 万 7978 人である。一般高級中学校における少数民族学生の割合は 9.66％であり，229 万 2711 人である（教育部公式データ）。

いっぽう，少数民族の言語・文化の伝承に関する教育政策をいえば，中国における「双語教育」（バイリンガル教育）が重要である。55 の少数民族のうち，回族と満族は中国語を使用しており，ほかの 53 の少数民族は自らの民族言語を使用している。1984 年から実施されている「中華人民共和国民族区域自治法」には「少数民族自治地区の自治機関は法律と国家の教育方針に基づき，自治区の各レベルの学校の教授言語を決定する」（第 36 条）と規定されており，「双語教育」の実施を大きく促進している。2009 年度，21 の民族言語を用いて，全国一万カ所あまりの小中学校で「双語教育」が実施され，対象学生は 600 万人あまりに達している（アナトラ・グリジャナティ，2015：2）。

「中華人民共和国通用言語文字法」（2001 年から実施）の第 2 条には，「本法による全国共通の言語，文字とは，普通話と規範漢字である」と規定されており，漢民族の共通言語・文字である普通話・漢字は漢民族の共通語から国家通用言語という地位に進んでいる。同時に，同法第 8 条には「各民族も自己の言

語・文字を使用し，発展させる自由を有する」と規定されている。つまり，少なくとも，少数民族自治区の内部においては，少数民族の言語は中国語と同様な法律地位を占めていると考えられる。しかし，中国語のような全国範囲で通用する言語ではないため，少数民族言語と文化の伝承を図るには，「双語教育」がきわめて重要な役割を果たしている。

（2）多文化・多民族の共生に関する課題

　広い国土，世界一の人口大国，55 の少数民族，そして少数民族の総人口は1 億以上である。中国における多文化・多民族の平等，共生に関する課題はきわめて重大であるといっても過言ではないだろう。中国の少数民族に関する法律や政策の目的は，民族間の平等を保ちながら，ともに発展することがめざされている。中国における多文化・多民族の共生を実現するためには，少数民族自治区に実施される「双語教育」だけではなく，各民族間の緊密な交流が不可欠である。

　21 世紀に入り，中国経済の急速な発展に伴い，高速道路や高速鉄道などインフラ施設の整備やコンピュータ，インターネット産業の発展が急スピードで進んでいる。それに伴い，各民族間のコミュニケーションがより容易になりつつあるが，民族間の相互理解が実現するとともに，56 民族の共同発展への道に進むためには，少数民族の言語，文化をより多くの人々が理解してくれる文化交流活動を拡大しながら，観光産業や工芸品産業など，少数民族地区の経済発展と特徴のある産業を促進することが課題とされている。1978 年の改革開放政策が実施されて以来，大都市と東部の沿海地区を優先的に発展させる戦略がとられており，少数民族自治区の所在地の多数は西部地区や内陸地区であるため，東部地区や沿海地区より経済発展が遅れている。こうした経済の不均衡問題の解決を目的の 1 つとして，2013 年に「一帯一路」経済圏構想（沿線国・地区のインフラ整備，経済協力などをめざすアジアや欧州，アフリカの一部を含む60 余カ国・地区の共同発展プロジェクト）が習近平国家主席により提出された。5 つの少数民族自治区はともに「一帯一路」戦略の重要拠点となっている。こ

うした大開発戦略の実施により，少数民族地区におけるインフラ施設の整備や
さらなる経済成長が求められているが，要するに，中国における多文化・多民
族共生の実現には，少数民族地区における経済発展という物的要素および「双
語教育」や各民族間の文化的交流による相互理解という精神的要素の両方が重
要であろう。

▶第4節　中国における終身教育の展開

（1）中国における終身教育の状況

　人口大国として，中国における学校，教師の不足状況が長く続いている。教
育の基礎である9年義務教育でさえ改革開放後の1986年（「義務教育法」が公
布される）に実現されたものである。したがって，成人教育や継続教育など，
多様な教育形式が存在しており，一般学校教育の補充として重要な役割を果た
している。1979年，ユネスコの報告『生存を学ぶ―教育世界の今日と明日』
が中国で出版され，「終身教育」という概念が中国に導入されてきた。その後，
農村教育や夜間大学，職業学校，通信教育，テレビ大学，独学試験など，多種
多様なかたちの終身教育が実施されるようになりつつあり，以下で列挙する。

　①職工教育：1980年4月，「全国職工教育管理委員会」（国務院に所轄）が成
立され，全国各企業の労働者を主要対象とする「職工教育」が展開されてきた。
1987年まで，職工中等専業学校の数は1953校に上っており，職工大学は915
校に増加している。

　②農村教育：中国における非識字者の大部分は農村出身者であるため，改革
開放の初期段階，「掃盲運動」（非識字者をなくす活動）が農村教育の主題で
あった。その後，農業の科学化，現代化をめざし，労働者の農業生産技術の向
上を図る農業技術学校が登場してきた。

　③成人高等教育：1980年9月，「通信高等教育と夜間大学を推進することに
関する意見」が教育部により公布された。前述の職工大学のほかに，一般大学
の教育資源を利用する通信大学や夜間大学も積極的に建設され，1985年まで

の5年間，通信大学と夜間大学の数は591校に上っている。以上であげた成人高等教育は主に週末や夜間などの余暇時間を利用し，教育機関で授業を受ける教育方法である。それ以外に，独学試験（個人が自らの学習によって教材の知識を把握し，教育部門が試験によって認定する）という高自由度の高等教育制度が1981年から実施しはじめた。

④社区教育：「社区」というのは，中国都市部の最も基礎的な行政機関である「居民委員会」が管轄する区域である。国の重大政策の宣伝や失業者への技術訓練，治安の維持および歌唱会，スポーツ大会の主催など本地域のコミュニティ活性化を求める多様な機能を担っている。これらの活動は中国における特徴的な終身教育活動であり，社会の発展と本地区の住民の要望に応える多種多様な活動が実施されている。つまり，活動内容の柔軟性と実用性は「社区教育」の長所である。

（2）中国における終身教育の動向

2010年7月，中国政府は『国家中長期教育改革及び発展計画綱要（2010～2020)』を公表したが，当綱要の第8章では「開放的かつ柔軟性のある終身教育システムを構築する」という目標を提出している。現在，中国における終身教育システムの特徴をみてみよう。

①「文革」後，中国教育システムの全面的に再構築とともに，生涯教育システムは一般学校教育とは，ほぼ同時に成長している。学歴教育だけではなく，国民の修養を全面的に向上することを求める「素質教育」という理念も終身教育の理念と一致するところが見いだされる。

②改革開放以来の高度成長に伴って，経済発展への重視度が高まっている。終身教育の対象は主に一般労働者であり，学歴の取得が主な目的になっている。中国における終身教育は一般学校教育の補充として教育の機能を果たしている。

近年，インターネット社会の高速成長とともに，スマートフォンやパソコンが教育のツールになってきた。それに伴って，各地域，各教育機関の間の連携や協力を迅速に推進することが可能になっている。前述のように，中国におけ

る「終身教育」は多様なかたちで存在しているが，一般学校教育と終身教育および各形式の終身教育の間の壁を打破し，互いの連繋性を実現することにより，教育システムの活性化が求められている。21世紀以来，知識基盤化社会へ進みつつ，教育と学習は一生続くことになっている。つまり，単純に知識を把握することより，学習者の主体的な学習，換言すれば，学習の習慣と学習能力を身につけることの重要性が一層明らかになり，中国を含む世界諸国の根本的教育課題となっている。　　　　　　　　　　　　　　　　　　　　【張　鵬】

[主要参考資料]
　①袁貴仁主編『中国教育』北京師範大学出版社，2013年
　②楊東平主編『教育青書・中国教育発展報告（2017）』社会科学文献出版社，2017年
　③崔淑芬『中国少数民族の文化と教育』中国書店，2012年
　④楊聖敏主編『紀念費孝通先生民族研究70年論文集』中央民族大学出版社，2009年
　⑤アナトラ・グリジャナティ『中国の少数民族教育政策とその実態-新疆ウイグル自治区
　　における双語教育』三元社，2015年
　⑥中国教育部公式サイト：http://www.moe.gov.cn（2017年10月18日確認）
　⑦中国国家統計局公式サイト：http://www.stats.gov.cn（2017年11月15日確認）

第**12**章

中国における少数民族の高等教育

　本章では，まずマクロデータを用いて多民族国家である中国における全般的な
高等教育の発展を紹介し，なかでもとくに少数民族高等教育の確立と成長を概観
しながら，民族教育のあり方について検討する。続いて，少数民族高等教育の主
な担い手となっている民族学院を取り上げ，その特徴と現状について明らかにす
る。最後に，多民族共生を推進するための政策として，一般大学における少数民
族学生の受容ならびに優遇政策を取り上げ考察する。

▶第1節　中国の高等教育について

（1）高等教育制度

　中国の高等教育機関は大きく普通高等教育機関と成人高等教育機関に分類さ
れる。国家教育部（以下，教育部）が定めた「普通高等教育機関設置暫定条例」
（1986年）によると，普通高等教育機関は主に高級中学校卒業生を募集対象と
し，全日制の本科大学，高等専科学校と高等職業学校からなっている。また，
大学での課程は4-5年制の本科と2-3年制の専科に分かれている。つまり，
1つの大学のなかには本科と専科両方とも存在している。そして，専科だけの
高等教育機関は高等専科学校と呼ばれる。本科というのは日本の4年制大学に
相当する，専科は日本短大・専門学校に類似する。

　成人高等教育機関では主に高級中学校，中等専門学校の卒業生または同等な
学力のある者を広く対象としており，社会人も多く在籍し，授業は夜間や通信
などさまざまな形態によって実施されている。成人高等教育機関には，職工高
等学校や管理幹部学院など，単独で設置された機関のほか，普通高等教育機関
が成人高等教育課程を設置する場合もある（大学評価・学位授与機構，2013：

17)。

中華人民共和国建国後，大学はすべて国家が運営するもので国公立大学しかなかった。1980年以後の市場経済により民営高等教育機関が登場しはじめた。1993年の「民営高等教育機関の設置に関する規定」によれば，民営高等教育機関は国家機関と国有企業・事業組織以外の社会組織および公民個人の自己調達資金によって設立された各種高等学歴教育を行う機関であると定義された。いわゆる日本の私立大学に相当する教育機関が誕生した。政府の統計によると，2015年の中国の民営高等教育機関数は734校に達し，在学者数は611万人を超え，全国の普通高等教育機関の在学生の23.3％を占めている。約30年間の成長・拡大を経て，民営高等教育は中国高等教育の発展に重要な役割を果たしている。

（2）高等教育の規模

中国は約14億の人口を擁し，今なお成長しつづけている国家である。この膨大な人口資源を豊かな人的資源に転じさせるため，中国政府は教育事業に大きく力を入れ，高等教育は目覚ましい発展を遂げさせた。1978年以後，改革開放政策の進展により，急速な経済成長とともに高等教育は拡大しつづけている。とくに1999年以来，高等教育の発展を促進するための戦略決定が行われ，中国の高等教育は飛躍的な成長をみせている。教育部によれば，2015年の時点で中国の普通高等教育機関は2560校，うち本科教育機関は1219校，高等職業学校・高等専門学校（専科）は1341校，各種類の高等教育機関の在学生数は3647万人で，高等教育粗進学率は40.0％に達している。まだ高等教育の大衆化段階にすぎないが，すでに世界最大規模の高等教育を擁している。また，大学院生を育成する教育機関および研究機関は792機関あり，このうち修士課程の在学生数は約158万人，博士課程の在学生数は約33万人となっている（教育部，2016）。高等教育大国となった中国は，高等教育強国へ向かおうとしているのである。

▶第２節　少数民族高等教育の時期区分

中国は 56 民族により構成されている多文化・多民族国家であるため，学校教育も単一な漢民族教育でなく，さまざまな民族言語，文字と文化をもつ多民族教育となっている。1949 年 10 月 1 日に中華人民共和国が建国して以来，政治変動に直接左右されてきた少数民族高等教育の成長と発展は，以下四期にわたって概観することができる。また，本節は張立軍の中国民族高等教育政策の時期区分に基づいてまとめたものである。

第一期（1949～1965 年）：少数民族高等教育の確立と発展の時期である。1949 年 9 月に臨時憲法として「中国人民政治協商会議共同綱領」を公布し，「中華人民共和国の各民族はすべて平等である」と書かれている同時に「人民政府は各少数民族の人民大衆を援助し，それらの政治，経済，文化と教育の事業を発展しなければならない」という基本方針が規定されている。

1950 年 11 月に少数民族教育を発展させるための初めての法律的試案である「少数民族幹部養成試行方案」が批准され，「国家建設，民族地方の自治と共同綱領の施行のために，各少数民族の幹部を多く育てなければならない」という目的を強調した。また，1952 年 4 月中央人民政府国務院は「民族教育行政機構設置に関する決定」を発し，教育部の下に民族教育司，地方人民政府に民族教育処など少数民族事業を取り扱う専門的な部署を設けている。そして，1958 年前後に少数民族地区の社会主義的改造が一段落し，民族学校での少数民族言語での授業，少数民族文字の出版物の発行，民族教育のための特別経費など民族性に配慮した政策制度が行われてきた。

1962 年 8 月教育部は「高等教育機関における少数民族学生への優先募集に関する通知」を公布し，全国大学統一入学試験を受験する少数民族学生に対して優遇措置を設けていた。また，1963 年 11 月，国家財政部，民族事務委員会は少数民族高等教育経費や補助金を計画どおりに遂行するため，「民族学院の経費区分と予算管理に関する幾つかの規定」を頒布し，各地における「高等教育費」の使用管理に対して監督を行うこととした。これらの施策は中央政府が

第 12 章　中国における少数民族の高等教育　141

少数民族の高等教育を積極的に向上させる意向を表明したものといえる。

この時期には，少数民族地区において高等教育を中心とした教育に関する政策制度が確立され，少数民族高等教育は顕著な発展を遂げていた。1951年に中国の少数民族教育における初めての高等教育機関である中央民族学院が創設された。その後，10校の民族学院が相次いで全国各地に設置された。そのため，普通高等教育機関における少数民族学生の在籍率は1951年の1.4%から1965年の3.2%まで上昇しており，実数として9.3倍以上増加した。

第二期（1966～1976年）：文化大革命による民族文化と教育が深刻な破壊を被った時期である。1958年以後，少数民族の教育は「左翼」思潮の影響を受けはじめ，そして1966年から始まる文化大革命により，「民族問題は階級問題」とされ，民族的なものはすべて否定された。民族の差異が無視され，民族学校の停止，さらに民族言語は遅れた言語であると批判された。この時期少数民族高等教育は機能を失い，ようやくつくられてきた高等教育システムも崩壊状態へと追い込まれていった。1958年までに設置された10校の民族学院でさえもその多数が廃校されたり，休校を迫られたりした。

第三期（1977～1994年）：改革開放政策の実施，全国大学統一入学試験の再開に伴って少数民族高等教育が回復しつつあった時期である。文化大革命（以下，文革）終息後の1977年10月，国務院は「大学入試に関する意見」を公表し，全国大学統一入学試験を再開することを正式に決定した。そして，民族教育を含む教育全体の戦略的な地位を確立することが提起され，国をあげた教育改革に力を入れた。1984年採択された「中華人民共和国民族区域自治法」によって，各民族の自治機関が自主的に民族教育を発展させるため，学校設置，学校運営，教育内容，学生募集を決めることができるようになった。

とくに1980年代からの改革開放により民族高等教育は新たなスタートを切った。具体的には，一般大学における民族班の制度化や少数民族地区に対する教師の派遣などがあげられる。さらに，湖北民族学院（1989年）と東北民族学院（1993年）の創設により，中国の少数民族高等教育機関は全国には配分され，一層発展した。

第四期（1995〜現在）：高等教育に関する法制化が進んだ時期である。1995年，中華人民共和国の建国後初めての教育基本法『中華人民共和国教育法』が頒布され，1998年『中華人民共和国高等教育法』も制定された。このように，1990年代は高等教育に関する教育法制の基礎が築かれていた。そして，2000年代に入ると，計画経済体制から市場経済体制への移行に伴い，高等教育はさらなる発展を遂げている。2015年普通高等教育機関における少数民族学生の数は225.27万人にのぼり，1997年の21.68万人より10倍以上増加した。そのなか，少数民族大学院生（修士と博士）は10.97万人もあり，全国大学院生の5.74％を占めている。

▶第3節　中央民族学院の誕生と発展

（1）中央民族学院の誕生と拡大

1951年，「中央民族学院運営試行方案」が定められ，明確に民族学院の教育目的と任務を次のように述べている（崔淑芬，2003：45）。

①国内の各少数民族が区域自治を実施し，政治，経済，文化建設を発展させるため，上級および中級の人材を養成する。

②中国の少数民族の問題，各少数民族の言語・文字・歴史・文化・社会・経済を研究し，各民族の優秀な歴史文化を紹介し奮い起こす。

③少数民族文化に関する編集と翻訳を組織し指導する。

この法案を受けて1951年に中央民族学院が誕生した。これは中国の少数民族教育における初めての高等教育機関である。成立当初は民族学や言語学を中心としたが，1980年代に物理・応用数学・生物化学・コンピューター科学学部が設置され，1993年11月中央民族学院は中央民族大学と改称した。2017年現在，中国では北京の中央民族大学をはじめ，西北，西南，中南，東北にわたって全国に18校の民族学院が存在している。また，地方の民族学院は主にその地方の学生を募集するのに対し，中央民族大学は全国から学生を募集する唯一の重点大学である。そのため，中国の56民族すべての学生が在学してお

り，本科学生に占める少数民族の割合は 54.9％近くに及ぶという点において，中央民族大学は「多民族共生」を最も象徴した機関といえる。中央民族大学が設置された 1951 年の学生数はわずか 260 人だったが，2017 年現在には 1.58 万人となり，なかでは，修士と博士が 4386 人ある。また，2106 人の教職員のなか，専任教員が 1218 人にのぼっている。

（2）学科の変化

本来政治幹部の養成という目的であった政治幹部訓練班と少数民族言語学部で出発した文科系の中央民族大学は，現在 23 学部・64 本科学科・31 大学院学科という総合大学に成長している。小川（2001）は民族学院の総合大学化は中央政府が少数民族教育に対する一貫した配慮の結果であり，「差異」を強調する平等から「格差」を解消する平等へシフトしてきているという積極的な意味を見いだしている。中央民族大学の成長は，学科の充実と拡大，つまり多様な人材養成を目的とすることによって発展してきたのである。

成立当初は少数民族の指導者を 1 人でも多く養成しようとした目的で，教育期間は短く，教育内容は軍事的，政治的なものであった。1952 年に「院系調整」と呼ばれる既存の高等教育機関・学部や学科の再編成が行われた。その結果，清華大学の社会学部，北京大学東方言語学部民族言語学科，燕京大学社会学部が中央民族学院に異動した。その後歴史学，政治学，芸術学などの学科が設置され，中央民族学院は政治幹部養成部門から文科系の大学へと変わっていった。また，1970 年代末から「4 つの現代化」（農業・工業・科学技術・国防）という新たな目標を掲げ，応用諸科学が生産と結びつけられ「自然科学の基礎を学べ」と奨励されている。その 1 つの「科学技術の現代化」の影響を受け，中央民族学院に数学部・物理学部・生物化学部という理科系を設置することになった。それは民族学院にとって総合大学への一歩を踏み出すことであった。さらに，1980 年代に入り，学科の拡大が文系にも及んでいた。たとえば，政治学部が経済学部・法律学部に分離したこと，哲学部の新設，少数民族語文学部が第一・第二・第三学部に分化・拡大している。そしてこうした変化は

144 第 2 部 世界の多文化・多民族共生と生涯学習の今

「民族学院の人材養成は政治幹部や少数民族言語を用いる人材の養成と言った特殊なもの，比較不可能なものから，他の普通高等教育機関と変わらない人材養成へと変貌を遂げることになったのである」（小川，2001：71）と意義づけられている。

▶第4節　一般大学における少数民族学生への受容

（1）予科班・民族班の設置

　少数民族のなかには，20世紀半ばまで学校教育がまったく普及していなかった民族もあり，そのうえ，高等教育機関はほとんど漢語で教育を行っているため，少数民族学生の大学入学に特別な措置が必要とされた。この状況に応じて現れた解決手段が，いわゆる大学への入学前に補習教育を行う民族予科であった。1950～1960年にかけて予科班は民族学院で相次いで設置された。しかし，大塚はこの時期の民族予科は民族学院のみが設置するもので，規模や範囲が限られ，開設後まもなく取り消されたり，運営停止に陥るところが多かったと指摘している。

　1977年12月文革後最初の全国大学統一入学試験の再開に伴い，民族地域出身者については合格最低点を適宜引き下げ，漢族と同等の成績であれば優先的に入学させるという措置をとっている。しかし，合格点を下げても，大学に進学できる少数民族学生の割合が低下しつづけていた。しかもそれとともに低合格点で入学した少数民族学生の質が下がることにも直面されていた。そこで，民族予科班という制度への関心は再び高まってきた。

　1979年国家民族事務委員会は全国大学統一入学試験に関して，「幾つかの重点大学と一般大学に大学予科を開設し，一部のすでに入学した成績の悪い少数民族学生のために基礎教科の補習を行い，1年間の補習の後に本科に進学して学習させるものとする」（大塚，1996：156）といった意見を出した。それを受けて教育部は1980年「全日制重点大学が少数民族班を試験的に設置することに関する通知」を公布し，北京大学，清華大学，北京医科大学，大連理工学院，

陝西師範大学の5大学で民族予科を開設することを決めた。さらに1984年に
「大学の少数民族班の指導を強化してよりよく運営することに関する意見」が
出され，「高等教育機関の民族班を予科あるいは基礎部，専科，本科の3種類
に分けること」を示した。「意見」によれば，予科班・民族班の目的は「少数
民族学生の特徴に基づき，特殊な措置を講じ，教養・基礎知識を向上させ，技
能訓練を強化し，学生が徳・知・体にて全面発達し向上するようにすることと，
高等教育機関の本科・専科に進学して専門学習を行うために良好な基礎を打ち
固めること」と提示されている。

　民族予科では，大学入学試験の得点が合格最低点以下のある範囲（学校に
よってちがう）の者を受け入れ，高級中学課程の理数系科目などの復習と漢語
の補習を行っている。漢語で入学試験を受けた者は学習期間1年，民族語で受
けた者は学習期間2年とされ，その後もう一度試験を受けさせたり，もしくは
学力が十分とみなされれば，直接学部に入れることでもある。現在ほぼすべて
の国公立大学は予科班または民族班を設けており，少数民族学生の高等教育支
援を積極的に取り込んでいる。

（2）予科班・民族班のカリキュラム

　民族予科の教育内容に関しては，1992年に国家教育委員会が組織した専門
家による討議を通じ，普通高等教育機関の民族予科のための文科系と理科系の
2種類の授業計画が定められた。この授業計画によれば，文科系の教育方針は，
「大学での専門的学習のために身につけていなければならない基礎教養の知識
と相応の基本的能力を基本的に修得する。民族言語が教授用語である学生は漢
語を修得し，熟達した漢語を用いた口頭および文章表現能力を備えるようにし
なければならない。同時に，次第に大学本（専）科の教育方法や学習方法に慣
れ，学生の自学能力，思考力，表現力を養い高めなければならない」と記され
ている。いっぽう，理科系に関しては，専門学習のために漢語および基礎教養
の修得や，基礎を強化し，自学能力，思考力，表現力を養い高めるなどの点で
文科系とほぼ同様である。そして，履修科目は，文科系と理科系ともに，基礎

漢語（講読・作文），数学，外国語（英語），体育であり，このほかに必要に応じて特定テーマの講座を開設することになっている（大塚，1996：159）。

1996年には，民族予科教育について「重点を引き立て，基礎を固め，能力を高め，専門学習を兼ねる」という方針が定められ，教育部は国語（漢語），数学，外国語（英語）を主幹科目と指定し，専門学習に応じて歴史，地理，物理，化学などの講義を設けることを改めて提示した。そして，2005年に入ると，「普通高等教育機関における少数民族予科班・民族班の管理方案（試行）」が公布され，民族予科教育において国語，数学，外国語といった主幹科目および専門学習に応じて開設された選択科目のほか，公共基礎科目の履修が加えられた。公共基礎科目とは，マルクス主義民族理論と民族政策，思想政治，コンピュータなどの科目からなっており，主幹科目と同様に必修科目である。教育部は，公共基礎科目の開講により，民族学生に「正確なマルクス民族観・宗教観」と愛国心を培われ，民族団結と国家建設に力を尽くすことを期待している。

（3）予科班・民族班の役割

民族学院における予科班，一般大学における民族班は，より多くの少数民族学生を普通高等教育機関に進学させ，高等教育機関に占める少数民族学生の比率を上げようという目的で設置された。従来であれば点数が合格ライン以下のために入学できなかった少数民族学生を吸収し，彼らにより多くの進学機会を与えることができるようになった。それでは，民族予科はこの点に関してどれほど成果をあげたといえるのであろうか。1999年高等教育の拡大政策が打ち出された以後，高等教育機関に在籍する少数民族学生（大学院生が含まれない）の人数ならびに全学生数に占める比率の変化を示した図12.1をみると，少数民族学生の人数は年々上昇し，2006年には100万人を超え，さらに2015年には200万人以上に上った。わずか15年間で少数民族出身の大学生数が182.56万人急増した。また，全大学生数に占める少数民族学生の比率も穏やかな上昇をみせている。2003年には6％以上に達し，2011年には7％台に，さらに2015年には8％台に上った。高等教育機関における少数民族学生の増加のか

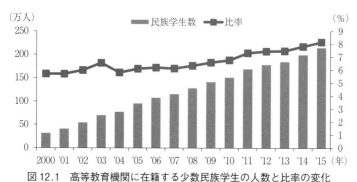

図12.1 高等教育機関に在籍する少数民族学生の人数と比率の変化
出所:中華人民共和国教育部「教育統計数据」各年版より筆者作成

なりの部分は民族予科の設置によって生じてきたものであると多くの研究で論じられたため，この右肩上がりのグラフがまさにそのまま民族予科教育の効果を示しているといえよう。

▶第5節　少数民族学生に対する優遇政策

　少数民族学生への優遇政策は「中華人民共和国民族区域自治法」(1984年)で以下のように規定されている。「国は，民族学院を創設し，高等教育機関に民族班，予科班を設け，少数民族の学生を専門に募集・採用するとともに特別の学制募集，特別の定員配分という方法をとることもできる」。上述したように，少数民族学生を専門的に募集する民族学院，一般大学に少数民族学生だけを募集対象とした民族班が設置されている。そのほか，省，自治区によっては，少数民族の言語で授業を行う大学・専科学校は，民族語で独自に入学試験を実施すること，古文と外国語試験を免除することなどを認めるところがある，こうしたさまざまな特別措置を施しており，少数民族学生の高等教育機会を拡大しつつある。

　また，学生生活の面においても，多くの優遇政策が打ち出されている。新疆食堂，回民食堂，朝鮮食堂などを設け，宗教上，習慣上の理由で特定の食物を食べない学生を配慮している。そのうえ，国は大学を通じて少数民族学生に対

する授業料免除や，給付奨学金の等級を分けて全員に行きわたるように措置を講じていたり，生活困難な学生を援助する特別手当，学資貸付または教育ローン，学寮の提供など直接な援助を提供している。

そのほか，中央政府は財政政策を活用し，雇用者が少数民族大卒者を雇用しやすくなるようなインセンティブを導入し，その雇用意欲を刺激する措置を積極的に取り込んでいる。たとえば，多くの雇用者が少数民族大卒者の雇用に伴って必要となる職業訓練などの人的資本投資に悩んでいる。政府はこれに対して各種税の減免や職業訓練補助金の支給，職業適性検査補助などを行い，雇用を促している（ジュラティ，2013：113）。これらの政策的措置により，少数民族学生の言語や文化的背景，生活上の慣習など独特なところが配慮され，効率的な就職活動および職業へのスムーズな移行が支援されている。

【韓　冀娜】

［主要参考文献］
　①小川佳万『社会主義中国における少数民族教育―「民族平等」理念の展開』東信堂，2001 年
　②ジュラテイ，セイティ「新疆における少数民族の大学卒業生に対する雇用政策」『アジア研究所紀要』第 40 号，2013 年
　③大塚豊　「中国における少数民族学生の高等教育機会と民族予科」『高等教育研究叢書』第 42 号，1996 年
　④大学評価・学位授与機構「中国高等教育質保証インフォメーション・パッケージ」2013 年
　⑤崔淑芬『中国少数民族の文化と教育』中国書店，2012 年
　⑥ハスゲレル「中国における少数民族教育の現状」『教育科学研究』第 21 号，2006 年
　⑦宋太成「民族預科教育課程体系改革初探」『民族教育研究』第 17 巻，2006 年
　⑧张立军「我国民族高等教育政策 60 年回眸」『河北师范大学学报』第 13 巻，2011 年
　⑨中華人民共和国教育部 历年教育统计数据，http://www.moe.gov.cn/s78/A03/moe_560/jytjsj_2015/（2017 年 8 月 29 日確認）

第13章

オーストラリアにおける多文化・多民族共生と
相互理解構築のための哲学対話

　生涯学習という言葉を聞くと，しばしば高等教育や義務教育以降における活動
が注目されがちであるが，本章では義務教育段階の子どもたちの学校内外での活
動，とくに彼／彼女らが生涯にわたって異なる背景をもつ他者とともに生きるこ
とを学ぶための活動について，オーストラリアの実践を例にあげながら論じてい
く。1970 年代の多文化政策への転換以降，さまざまな文化が混在するオースト
ラリア社会では，異なる背景をもつ子どもたちがともに生きるために，他者と相
互理解・相互尊重を構築する力を育成することが重視されてきた。そのためオー
ストラリアでは，異なる背景をもつ子ども同士のコミュニケーションを通して，
彼／彼女らが他者とともによりよく生きることを学ぶための方法が模索されてき
た。本章ではその一例として，「哲学対話」あるいは「学校での哲学」と呼ばれ
る学校内での対話実践，およびそれを学校外の活動に応用した「フィロソン」
を紹介し，それらが相互理解構築のための学びにおいて果たす役割を論じる。

▶第1節　今日のオーストラリアはどの程度多文化か

　オーストラリアは世界第 6 位の総面積（769 万 2024km²）をもつ，立憲君主
制・連邦制の国家である。2017 年現在，2 つの特別地域（首都特別地域：キャ
ンベラ，ノーザンテリトリー）および 6 つの州（ニューサウスウェルズ州，クイー
ンズランド州，ヴィクトリア州，南オーストラリア州，西オーストラリア州，タス
マニア州）から成り立っている。

　もともとイギリスの植民地だったため，オーストラリアは伝統的にアングロ
サクソン文化への同化を政策の基礎としていた。だが第二次世界大戦以降，国

150

土防衛のための兵員確保，経済開発のための労働力確保，人口の自然増加率の低下に歯止めをかける手段という3つの目的を実現するための大量移民計画が進められた（竹田，2000）。また，戦争で祖国を追われた東欧・南欧の難民，重要な労働力であったアジア系移民が増加したことから，当時のウィットラム政権（1972-75）は，従来の保守政策から多文化政策へと舵きりを行った。その後もフレーザー政権（1975-83）におけるインドシナ難民受け入れや，ホーク政権（1983-91）における移民の「家族呼び寄せプログラム」の拡張などによって，オーストラリア社会の多文化化はより一層加速されることとなった。

　では，現在のオーストラリアはどれくらい「多文化」であるといえるのだろうか。オーストラリア統計局（http://www.abs.gov.au）による最新（2016年）の国勢調査の報告をみてみよう。まず，2016年時点でのオーストラリアの総人口は2340万1892人である。注目すべきは，このうちほぼ半分（49%）が海外生まれ，あるいは両親のうち少なくとも1人が国外生まれであるという点である。さらに統計によれば，2001年には移民人口のうちわずか24%であったアジアにルーツをもつ人々が，2016年には40%まで増加しており，とくに中国，インドネシア，フィリピンからの移民が急速に増えつつあるという。

　また，近年のオーストラリアをよりいっそう多文化化させた大きな要因の1つが，難民の受け入れの拡大である。第二次世界大戦後の大量移民政策による人口増加をめざしたオーストラリアでは，国際社会の圧力や人道上の理由などから多数の難民にビザを発行しており，その数は年々増え続けている。

　こうした人種や民族の多様性は，さまざまな種類の多様性を生み出している。その1つが宗教の多様性である。オーストラリアではカトリックが最も信仰されている（22.6%）が，それ以外にも英国国教会（13.3%），プロテスタント（3.7%），イスラム教（2.6%），仏教（2.4%），ヒンディー教（1.9%），ユダヤ教（3.2%）などと多様な宗教が信仰され，その数は100以上といわれる。

　当然ながら，社会の多様性は言語の多様性にも影響を与える。公用語は英語であるものの，現在オーストラリアでは手話を含む約300の言語が家庭で話されており，とくに5人に1人は英語以外の言語を家庭で使用している。また，

海外で生まれたオーストラリア人のうち42%の人が英語を家で話し，それ以外の人は自らの母語を話すとされている。さらに，オーストラリアで生まれた人であっても，その12人に1人は英語以外の言語を家庭で用いている。

▶第2節　オーストラリアの学校教育制度と「汎用的能力」の教育

　多文化社会オーストラリアにおける学校内外の活動について言及する前に，オーストラリアの学校教育制度について簡単に記しておこう。図13.1はオーストラリアの学校制度の概略である。

　この図からわかることは，オーストラリアの学校教育は，州によってさまざまな差異があるということである。たとえば，学校教育はプレスクールや幼稚園を含むプライマリースクール（日本でいうところの小学校）と，セカンダリースクール（あるいはハイスクール。日本でいうところの中学校と高校）に分かれているが，州によってはプライマリースクールとセカンダリースクールの間にミドルスクールと呼ばれるものがあるといったちがいがある。また，一般的には6〜17歳までの12年間が義務教育期間とされているが，州によっては義務教

年　齢	州							
	ヴィクトリア	タスマニア	首都特別地域（キャンベラ）	ニューサウスウェルズ	南オーストラリア	ノーザンテリトリー	西オーストラリア	クイーンズランド
18〜	大学・大学院・職業訓練校							
17	セカンダリースクール	シニア・セカンダリー	シニア・セカンダリーカレッジ	セカンダリースクール	セカンダリースクール	シニア・セカンダリースクール	セカンダリースクール	セカンダリースクール
16								
15								
14		セカンダリースクール	セカンダリースクール					
13						ミドル・スクール		
12								
11	プライマリースクール	プライマリースクール	プライマリースクール	プライマリースクール	プライマリースクール	プライマリースクール	プライマリースクール	プライマリースクール
10								
9								
8								
7								
6								
4〜5	就学前教育（州によってキンダーガーデン，プレパラトリ，トランジション，レセプション，プレスクールなどの呼び名がある）							

図13.1　オーストラリアの学校教育制度

出所：各州の教育省のウェブページおよび国際開発センター（2014）をもとに筆者作成

育の開始・終了年齢が前後することもある。さらに図にもあるように，セカンダリースクールの開始時期も州によって異なる。いずれの場合でも，セカンダリースクールを卒業したのちに大学を進学する場合，セカンダリースクールの最後の数年間で特別な科目を履修し，大学入学のための統一資格試験の準備をする（ただし，オーストラリアは広大な国土をもっているため，交通が著しく不便な地域に住んでいる子どもたちもいる。「遠隔地教育」と呼ばれる，このような場所に住む子どもたちの教育は，通信教育制学校によって提供されるインターネット中継の講義や，郵便を用いた通信教育などが主流となっている）。

このように州や地域ごとにいくつかの固有の特色をもつ学校教育制度だが，教育の内容に関しては，州同士のある程度のコンセンサスがなされている。その核となるのが，オーストラリア・カリキュラム評価報告機構という政府機関が主導となり開発を進めるナショナル・カリキュラムである。とくにナショナル・カリキュラムを構成する「汎用型能力（general capabilities）」は，どのような場所に住もうともオーストラリア市民が有するべき能力の総称をさし，多文化社会オーストラリアにおける市民像を表している。それは，①リテラシー（コミュニケーション能力などのほかのスキルの基礎となるもの），②ニューメラシー（数学的知識およびスキル），③批判的・創造的思考力（理由・論理・想像力などに基づいて物事を考え，それを伝える力），④ICT技能（情報処理に関する能力），⑤倫理的行動（倫理原則・自他の権利・公共の善に関する知識とそれを遂行するスキル），⑥異文化理解（言語・社会・文化的に異なる立場にいる人々との人間関係をつくるためのスキル），⑦個人的・社会的能力（個人やチームの責任および役割について理解し行動するためのスキル）の7つから成り立っている（ACARA, 2011）。これらの能力を各州がカリキュラムのなかに落とし込みながら，学校教育が行われている。

▶第3節　学校内の多様性と子どもたち同士のコミュニケーションの意義

上記の「汎用型能力」をみたときに気づくのが，リテラシー，倫理的行動，

批判的・創造的思考力，異文化理解，個人的・社会的能力といった，他者との交流やコミュニケーションに関するもの，とくに他者とよりよい人間関係をつくり上げていくことや，他者とともに生きることに関するものが多いということである。このことの背景には，オーストラリア社会，とくに学校内の多様化・多文化化に関する問題が大きくかかわっている。

　移民や難民などの増加に伴い社会がより多様化すればするほど，そうした人々の子どもたちもまた学校に現れるようになり，学校もまた多様性にあふれた場所となる。そして，こうしたなかでしばしば問題になるのが，子どもたちの分断や孤立である。たとえば，英語を母語とせず英語運用能力がほとんどない子どものなかには，誰とも話せない，昼食を1人で食べる，休み時間に1人で遊ぶといった状況にいる者がいたり，逆に孤立を避けるために同じ言語を話す仲間のみと閉じられたグループをつくったりする者などもいる。また，とくに難民の子どものなかには，オーストラリアに来る以前にきわめて厳しく辛い経験をし，トラウマをかかえ，それによって他者との共同生活それ自体に困難を覚える者もいる（ACARA, 2014）。さらに，政府機関の報告書（Department of Education and Training, 2014）によれば，オーストラリアの学校ではエスニック・マイノリティの子どもたちは，いじめの対象となりやすい傾向にあることが指摘されている。学校における多様性によって生じる生徒の相互理解の構築のむずかしさは多岐にわたり，そうした意味で，中島（1998：184）が指摘するような，「生徒の背景の多様性が必ずしも多文化教育推進の資源とはならない場合もある」ということが，より一層明らかになってきている。

　こうした背景から，ナショナル・カリキュラムが強調するリテラシー，倫理的行動，批判的・創造的思考力，異文化理解，個人的・社会的能力を子どもたちが学ぶことは，単に「将来の」オーストラリア社会の市民として必要とされる能力を学ぶだけのものではなく，彼／彼女たちが「今」生きる学校という「社会」のなかで，異なる立場にいる他者とともに生きる方法を学び実践するためのものとされている。そのため，オーストラリアの学校では，子ども同士のコミュニケーションの必要性が指摘されるようになってきている（ACARA,

2016)。というのは，コミュニケーションは，子どもたちが互いの立場を知り，自分自身のもっていた価値観や常識を再検討し，他者を理解し，よりよいやり方での共生の仕方を学ぶことを可能とし，それらによって多様性から生じる子どもたちの対立や孤立の問題が解消されると現場では考えられているためである。

　加えて，コミュニケーションによって生じた子どもたちのよき人間関係は，子どもたちのインフォーマルな学び合いを促進し，さまざまな教科の活動にも重要な影響を与えるとみなされている。オーストラリアの学校における英語を母語としない子どもたちの教育はその例の1つである。近年オーストラリアのいくつかの州では「複言語あるいは方言としての英語（English as Additional Language or Dialect: EAL/D）」と呼ばれる，標準オーストラリア英語習熟のためのサポートを必要としている生徒についての教育が実施されている。注目すべきは，EAL/D の教師向けのガイドライン（ACARA, 2016）のなかでも，子どもたち同士のコミュニケーションが重視されているという点である。ガイドラインによれば，EAL/D では教師があれやこれやと英語に関する知識や「常識」を，英語を母語としない子どもたちに一方的に教え込むよりも，子どもたち自身がコミュニケーションを通して「共有された知を生み出すこと」が重視される。そうすることによって，これまでの教師と生徒の関係だけでは生まれなかったような知的・言語的な成長が生まれるだけでなく，子どもたちが教室を超えた日常の場で交流することを促進し，より日々の生活に即した英語を非英語話者が学ぶ機会を育むことにも貢献するとされている（川上他, 2009）。

　このように，子どもたち同士のコミュニケーションの活性化は，異なる立場にいる子どもたちの相互尊重を生み出すだけでなく，子どもたち同士のよりよい人間関係をつくり，教室を超えた日常の学び合いを促進することで，さまざまな教科の活動にも重要な影響を与えている。こうした理由から，近年オーストラリアのさまざまな学校では，子どもたちが他者とよりよいコミュニケーションを学校内外で取るための機会を拡大する試みがなされている。次節で取り上げる「哲学対話」あるいは「学校での哲学」という活動や，それに影響を

受けた「フィロゾソン」という学校外の対話活動は，その一例である。

▶第4節 「学校での哲学」と「フィロゾソン」

「哲学対話（Philosophical Dialogue）」あるいは「学校での哲学（Philosophy in Schools）」は，子どもたちが教室のなかで輪をつくって座り，答えが1つに定まらないようなオープン・エンドの問い（人間と動物はどっちがえらいの？　など）についてゆっくり考え，意見を出しあいながら，目下の問いについての理解を深めていく，対話の実践である。多くの場合，対話の問いは子どもたちから提示されるものを用い，対話も子どもたちが中心として進行される。そして教師は，あくまで子どもたちの対話の交通整理をするファシリテーターに徹する。そうした意味で，「学校での哲学」は教育活動の一環ではあるものの，それは教師が知識を一方的に与えるような伝統的な教育活動ではなく，むしろ子どもたちが自主的に問いを選び，自由に意見を出しあいながら考えを深めていき，（学校や教師から一方的に与えられたものではない）彼／彼女たち自身の知をつくり上げていくための活動である。

哲学対話は，アメリカの哲学者マシュー・リップマン（Lipman, M.）が 1960 年代に始めた「子どもの哲学（Philosophy for Children）」が起源となっており，彼のもとで学んだ人々が，1980 年代にオーストラリアに導入した。もともとリップマンの「子どもの哲学」は，批判的思考力の育成のためのプログラムとして広まりをみせた活動である。そこでは教師・生徒関係が固定し，子どもたちが教師の言うことをただ暗記したりする伝統的な教育方法ではなく，教師を含めた教室内のすべての人々が，答えが1つに定まらないような問いの前でゆっくりと考え，人の話を聞き，自身のもっていた価値観や常識を複数の観点から批判的・反省的に検証しながら探究を進めていくという活動が行われる。「子どもの哲学」では，問いに対する答えを見つけることよりも，問いを探究することによって子どもたちが多様な意見や価値観にふれ，「答えがもっとわからなくなること」や，そうした「わからなさ」のなかでもともに考え続ける

ことを諦めない姿勢が評価される。リップマン（2015）は，このようなじっくりと時間をかけて行われる対話を「探究の共同体（Community of Inquiry）」と呼び，それを学校教育の核とすることを提唱した。

　リップマンの「子どもの哲学」が1980年代に導入され，それ以降広まりをみせた背景の1つには，当時のナショナル・カリキュラムのなかに「批判的思考」という項目が追加され，子どもたちが批判的に物事をみたり考えたりするための方法を教師たちが模索していたという点がある。だが，もう1つの重要な背景としてあるのは，当時の学校現場では，社会の多様性によって生まれた人々（子ども）の相互尊重の構築が目下の課題であったということである。第1節で言及したように，オーストラリアは1970年代に多文化主義へと政策を転換し，それ以降移民や難民の人々がオーストラリアに定住するようになり，そうした人々の子どもたちが次々と学校に通いはじめたことで，学校は多様な背景をもつ子どもたちが集まる場となった（Harris, 2013）。こうしたなかで「子どもの哲学」は，多様な背景をもつ子ども同士の相互理解・相互尊重を促進するための取り組みとして教師たちの注目を集めることとなった。実際に，1985年に「子どもの哲学」がオーストラリアの学校で実践されはじめるようになってからわずか2年で，50以上の学校で実施されるようになった（Burgh & Thornton, 2016）のは，こうした理由によるところが大きい。なお，現在オーストラリアでは「子どもの哲学」ではなく，「学校での哲学」という名称が一般的に用いられている。というのは，キャム（2014：18）によれば「哲学的な問いというのはカリキュラムのあらゆる領域に関係しているもの」であり，それゆえ哲学対話を他の教科から孤立させずに，むしろさまざまなカリキュラムのなかに哲学対話の要素を用いることで，より対話を中心とした学校・授業づくりをめざすことが重要であるためである。

　なぜ「学校での哲学」は異なる背景をもつ子どもたちの相互理解・相互尊重の促進にとって重要な実践とされてきたのだろうか。そこには相互に関連する3つの理由がある。1つ目は，哲学対話が子どもたちの相互理解・相互尊重のための基盤となる「セーフな空間」をつくるという点にある。哲学対話におい

第13章　オーストラリアにおける多文化・多民族共生と相互理解構築のための哲学対話　157

てテーマとなるのは答えが1つに定まらない問いであり，ソクラテスがそうであったように，問いの前では教師を含めたすべての人が「無知」となる。そしてあらかじめ「正解」や「まちがい」がないがゆえに，子どもたちは考えたことや思ったことを自由に話すことが認められる。そして，対話のなかではすべての参加者が「無知」であるがゆえに，「知識をもつ人（教師や特定の生徒）と知識を受け取る人（ほかの生徒）」という従来の教室内での教師・生徒関係や子どもたちの既存の力関係が一度解体され，それまで「知識をもっていない」とされていた子どもたちが自由に話すことができる「セーフな空間」が教室のなかにつくり出される。このセーフな空間によって，子どもたちは他者の人格や尊厳を傷つけないかぎり多様な見解を自由に出しあいながら共有された知をつくり上げてゆく。それは，異なる立場にいる子どもたちが対等となり，よりよい人間関係を形成するための基礎をつくることに貢献する。

2つ目の理由は，哲学対話が「話す」こと以上に「聞く」「質問する」という他者への応答をきわめて重視しているという点にある。しばしばディベートなどでは，どのようにして自身のもつ意見を正当化し他者を説得するかに力点がおかれているのに対して，哲学対話の力点は他者の意見を聞くことで自分自身の意見を複数の視点から再検討することにある（キャム，2015）。そこでは，自らと異なる意見や価値観をもった他者の話を聞きながら，自身がもっていた「当たり前」を揺さぶり，目下の問いに関する理解を深めていくことが求められている。そのため対話に参加する子どもたちは，これまで声を聞かれる機会がなかったマイノリティの子どもたちや，広く共有されている「当たり前」とは異なる視点をもった子どもたちの声にも耳を傾けたり質問したりすることで自身の視野を広げていく。それは結果として，子どもたちが自らの発言に対して応答する・されるという経験を促し，それまで分断・対立・孤立していた子どもたちを探究の共同体のメンバーとして受け入れることにもつながってゆく。

3つ目の理由は，哲学対話では子どもたちが自分自身の声で，自分自身の意見を語ることが重視されているという点にある（河野，2014）。答えが1つではない問いについての対話には多様な視点が提示されることが不可欠であり，子

どもたちは自らがもつ文化や物の見方を自らの口から語り対話の空間にもち込むことで対話を活性化させることが期待されている。異なる背景をもつ子どもたちは異なる物の見方，価値観，常識を有しており，それらはほかの子どもたちが目下の問いについて異なる視点からみることを可能とする。それゆえ子ども自身によって表明された多様な声は，他者が何を考えているか，何を言おうとしているか，今何を考えているかといったことを，お互いが知るための機会をつくるものである。

こうした「学校の哲学」の実践は，非常にシステマティックに組織されたサポート体制によって支えられている。その中心的な役割を担うのが，FAPSA（Federation of Australian Philosophy in Schools Associations）という組織である（http://fapsa.org.au）。この組織はオーストラリア各地の学校で「学校での哲学」を広げるとともにその質を高めることを目的とし，「学校の哲学」に関する情報収集，対話のファシリテーターの研修，学会の開催などを行っている。FAPSAはノーザンテリトリーを除くオーストラリアの各州に支部をもっており，各支部がそれぞれの州の学校に対してさまざまなサービスを提供する。

さらに，このFAPSAは各学校と連携をしながら，子どもたちが学校外で哲学対話を行う機会も提供している。その1つが上記の「フィロゾソン（Philosothon）」である。フィロゾソンは，「哲学（Philosophy）」と「大きなイベント（Thon）」を組み合わせた造語であり，子どもたちが他校の子どもたちと出会い，哲学的な問いについてより深くともに考え対話するための「哲学の大会」のことをさす。FAPSAのホームページによれば，フィロゾソンは「学校の子どもたちが，探究の共同体という文脈のなかで倫理あるいは哲学的な問いについて考え合うことを後押しするイベントである」とされている。

フィロゾソンでは子どもたちが哲学的なテーマについて探究をし，その探究の質を競い合う。フィロゾソンに参加する子どもたちは，まず哲学対話をするにあたって守らなければならない（そして評価の対象ともなる）いくつかの項目（表13.1）が伝えられ，その後ファシリテーターとともに与えられた倫理・哲学的な問いについて1時間程度対話をする。そして各対話を観察する数名の審

表13.1　守らなければならない項目

一度に話してよいのは一人だけ	質問をすることが必要
よく話を聴くことが探究のプロセスをよりよいものとする	自分だけでなく相手のもっている思い込み，推論，根拠を確かめること
意見には理由を	ちょっと前まで思っていたことが，じつはちがったのだと気づいたら，それを認めること
議論のポイントの同じところやちがうところを明らかにすること	必要に応じて理由，定義，根拠，具体例，思い込みについて質問をすること
コミュニティの感覚を大切にすること	すべての意見を尊重すること
考える道筋をつくるための議論をすること（リーダーをつくるための議論ではない）	対話のプロセスのなかで生じた「人との違い」はきわめて重要である
他人があなたに反対しても，それを受け入れること	真剣に対話をして生じた対立やまちがいは学びと成長のチャンスである
哲学対話は思い込みや先入観に挑戦する思考のプロセスである	おそらくあなたの考えを変えることが必要となる
勝ち負けを決める議論ではない	コミュニティのメンバーとして，一生懸命考えること

出所：フィロゾソンのガイドライン（2014年10月29日開催）をもとに筆者作成

査員（哲学対話に精通した，ポスト・ドクター以上の哲学者）が子どもたちの対話を評価し，それをもとに各対話のグループの質の優劣を判定する。

　フィロゾソンはいくつかの種類があり，まず，それぞれの学校のなかで開催されるものがある。これは自由参加型のイベントであるが，とくに「学校での哲学」の実践を経験し他者とさらなる対話を楽しみたいという子どもたちが対象となる。これらの取り組みのなかで子どもたちは与えられたテーマについて哲学対話をし，最もすぐれたグループあるいは個人がさらにチームを組み，学校の代表として州の大会に参加することができる。州の大会では，さらにすぐれた対話をした個人やグループがチームを組み，対話をする。この州大会の参加者の何名かは，州対抗のフィロゾソンの大会に参加することができ，そして最も評価の高かった対話のチームが最も優秀な「探究の共同体」であったこと

を表彰される。

　フィロゾソンは2007年に8校が参加を表明したことから始まったが，2012年には初めて公立の小学校も参加を表明し，さらには「11-12歳の部」や「9-10歳の部」といった年齢別のステージも追加され，その参加校は年々数を増やしている。2014年のフィロゾソンのパンフレットによれば，すでに30校ほどの国内の学校に加え25校ほどの海外の学校（シンガポールや台湾など）がこれに参加しているという（Philosothon, 2014）。

　ただし，FAPSAが強調するように，フィロゾソンは単なる競争目的のコンテストではない。その目的は「学校での哲学」と同じである。すなわち，異なる意見や背景をもつ他者と協力しあいながら，価値や信念などを共有し理解しあうことで，子どもたちの間にコミュニティを形成し，相互の学び合い，相互の理解を促進させていくことである。とくに，子どもたちは普段会わないようなある種の「異質な」他者とも協力しながら対話をし，考えることが求められており，そうした意味でフィロゾソンは，子どもたちが学校を超えたより広い社会のなかで異なる他者を尊重し対話をするという，市民性の涵養およびその実践の場を提供するものであるといえるだろう。

▶第5節　他者とともに生きることを学ぶための対話

　オーストラリアの「学校での哲学」の第一人者であるフィリップ・キャム（Cam, P.）は，その主著のタイトルを『共に考える（Thinking Together）』としている（キャム，2015）。本章で示したオーストラリアの哲学対話の実践が示していることは，この「共に」という言葉の重要性である。「学校での哲学」における哲学とは，「学校」という社会のなかで自分とは異なる考えをもつ他者と「共に」考え，話し合い，聞き合い，批判しあい，そしてお互いの立場を理解しあうことで，共有された知を生み出す活動をさす。こうした対話型の活動は，多様な文化が混在するオーストラリア社会において子どもたちが異なる背景をもつ他者とともに考え，ともに生きるために不可欠なものである。もちろ

んこれは，対話によって目下の問題がすべて解決するということではない。む
しろ対話をすることによって教室内にあった不一致がより明確になってしまっ
たり，子どもたちの対立がより加速されることもある。だが，対話なしには表
明されなかったようなこうした不一致や対立は，子どもたちが一体何について
対立しているのか，なぜお互いを理解しようとしないのかといったことについ
て，子どもたち自身が発見し，立ち止まり，「わからなく」なり，そうしても
う一度考えてみる機会を与えるものでもある。「学校での哲学」やフィロゾソ
ンは対話をしつづけることが重要であると子どもたちに教え，子どもたちが生
涯にわたってどのように他者とともに学び生きていくかを学校の内外で学習す
るための出発点をつくるのである。　　　　　　　　　　　　【西山　渓】

［主要参考文献］
① ACARA, *General capabilities consultation report*. The Australian Curriculum, Assessment and Reporting Authority. 2011.
② ACARA, *English as an additional language or dialect teacher resource: EAL/D overview and advice*. The Australian Curriculum, Assessment and Reporting Authority. 2014.
③ Burgh,G. & Simone,T., "Philosophy goes to school in Australia: A history 1982-2016." *Journal of Philosophy in Schools* 3.1: 59-83, 2016.
④キャム，フィリップ／枡形公也監訳『共に考える―小学校の授業のための哲学的探求』萌書房，2015 年
⑤ Department of Education and Training, *A review of literature （2010-2014） on student bullying by Australia's Safe and Supportive School Communities Working Group*. Queensland: Department of Education and Training, 2015
⑥川上郁雄・石井恵理子・池上摩希子・斎藤ひろみ・野山広編『「移動する子どもたち」の言葉の教育を創造する』ココ出版，2009 年
⑦ Harris, Anita, *Young people and everyday multiculturalism*. New York: Routledge, 2013.
⑧国際開発センター『グローバル化時代の国際教育のあり方国際比較調査―最終報告書』，2014 年
⑨リップマン，マシュー／河野哲也・清水将吾監訳『子どものための哲学授業―「学びの場」のつくりかた』河出書房，2015 年
⑩中島智子編『多文化教育―多様性のための教育学』明石書店，1998 年
⑪ Philosothon, *October 29th 2014 Philosothon Judges*. FAPSA, 2014.
⑫竹田いさみ『物語オーストラリアの歴史―多文化ミドルパワーの実験』中央公論新社，2000 年

第3部　日本の多文化・多民族共生と生涯学習の今

高等教育の多文化・多民族化と生涯学習機関化

　本章では，日本における多文化・多民族共生社会の実現と生涯学習のあり方について，高等教育政策を中心とする教育行政の動向と大学の現状をふまえて概観する。2017年には，高等教育と多文化・多民族教育，生涯学習の今後の方向性にも影響を与える新たな「学習指導要領」が示され，「知識基盤社会」の到来を前提とした教育改革への取り組みがますます加速している。

　多文化・多民族共生にかかわる高等教育政策としては，政府・文部科学省のみならず，法務省・外務省・厚生労働省・経済産業省・国土交通省などが関与する「留学生30万人計画」が進められており，生涯学習に関する施策としては，社会人の学び直しニーズに応えるシステムづくり，さらには高度情報化社会の進展を象徴するオープンエデュケーションの普及などが注目される。

　本章では，本書の各章とも関連して，高等教育の視点から多文化・多民族共生と生涯学習の今を捉え，幅広く考察するための素材を提供する。

▶第1節　新「学習指導要領」が描く"2030年の社会"

　2017年3月31日，新たな「学習指導要領」が告示された。小学校学習指導要領は2020年度から，中学校学習指導要領は2021年度，そして高等学校学習指導要領は2022年度以降，全面実施のスケジュールが明らかにされている。今次改訂の基本的方向性を示す中教審答申（2016年12月21日）は，「グローバル化は我々の社会に多様性をもたらし，また，急速な情報化や技術革新は人間生活を質的にも変化させつつある」との現状認識のもと，新「要領」がカバーする"2030年の社会"について，次のような見通しを述べている。

「近年顕著となってきているのは，知識・情報・技術をめぐる変化の早さが加速度的となり，情報化やグローバル化といった社会的変化が，人間の予測を超えて進展するようになってきていることである。」

「とりわけ最近では，第4次産業革命ともいわれる，進化した人工知能が様々な判断を行ったり，身近な物の働きがインターネット経由で最適化されたりする時代の到来が，社会や生活を大きく変えていくとの予測がなされている。」

前者の指摘は，中教審大学分科会による2005年答申「我が国の高等教育の将来像」のなかで示された「知識基盤社会」の概念を前提としている。すなわち，21世紀の現代社会では，新しい知識・情報・技術が，あらゆる領域での活動の基盤として飛躍的に重要性を増しており，このような社会認識に基づく今後の大学の目的を，①世界的研究・教育拠点，②高度専門職業人の養成，③幅広い職業人の養成，④総合的教養教育，⑤特定分野（芸術・体育など）の教育・研究，⑥地域の生涯学習機会の拠点，⑦社会的貢献（地域連携・産学官の連携・国際交流など）の7つと指摘，各大学のさらなる機能別分化を促した。

後者の指摘は，「人工知能の急速な進化が，人間の職業を奪うのではないか」「今学校で教えていることは時代が変化したら通用しなくなるのではないか」といった，生涯学習を含む今後の教育のあり方に関する大きな“問い”を投げかけるものである。新「要領」の内容については，小学校外国語（英語）活動の高学年における教科化，プログラミング教育の導入などが話題となっているが，その本旨は，「社会に開かれた教育課程」というコンセプトのもと，知識と体験の質向上と内容の明確化を求める「主体的・対話的で深い学び」の実践，その成果と課題を検証する「カリキュラム・マネジメント」の確立にある。

本書の関心に即していえば，情報技術の飛躍的な進化，経済・文化など社会のあらゆる分野でのつながりが，国境や地域を越えて活性化し，緊密さを増す「グローバルな社会」，多様な主体が急速なスピードで相互に影響しあい，1つの出来事が広範囲かつ複雑に伝播する「変化の激しい社会」を“生きる力”を育むことがめざされているわけである。

▶第2節　高等教育"多文化・多民族化"の展望

（1）日本の教育課題と多文化・多民族共生

　日本社会には「単一民族国家」という"神話"が今なお根強く存在するが，そもそも日本の歴史をたどれば，各地域のさまざまな伝統・慣習を含め，外来文化の受容と伝播，それらをもたらした人々の往来によって構成された，じつに多様な文化的背景をもつ社会の姿が浮かび上がってくる。

　近代国民国家建設の過程で，アイヌ民族（本書第15章）や沖縄（第16章）に対し「同化」を迫り，台湾や朝鮮を植民地化して近隣の人々を"日本人"として編入するに及んで，結果，今日につながる大きな課題を積み残していることもまた，周知の事実である。

　加えて近年，いわゆるニューカマーと呼ばれる外国籍の市民が増加している。法務省の統計調査によれば，2016年現在の中長期在留者数は約238万人，うち約73万人が永住者，約17万人が定住者となっている。他方で，オールドカマーと呼ばれる特別永住者数は約34万人，グローバル化の進展が数字の上でも顕著である。また，海外在留邦人の存在も見逃せない。外務省の統計調査によれば，2016年時点で約134万人に達しており，今後，異文化をバックボーンとする外国籍の市民，日本文化をバックボーンとしない日本国籍者が珍しくない時代の到来が予想される。

　このような背景をふまえ，日本においても国際理解教育（第3章）そのほかの取り組み（第2章および第17章）が進められており，前述の新「要領」の方向性もこれに沿ったものといえようが，そもそも「国民」の育成を目的とした公教育のシステムのなかで，国家の枠を超えたグローバルな市民のあり方を捉え，教科書的な理念を超えた共生社会のあるべき姿を実感をもって模索することは決して容易なことではない。とりわけ"日本人"という圧倒的なマジョリティの視点から多文化・多民族共生社会のあり方を考えるためには，単にマイノリティの苦境や困難の理解・把握に努めるだけではない姿勢が必要になってくる。

第14章　高等教育の多文化・多民族化と生涯学習機関化　165

共生社会の観点から考察すべき対象は，狭義の社会的マイノリティだけではなく，女性や子ども，障がい者，LGBT の人々など，さまざまな視点がありうる。従来，日本の教育現場で取り組まれてきた同和教育，いじめ問題の深刻化などを受けて強化されてきた道徳教育なども，その一環といいうる。

　しかし，これらの施策には，「共生」をうたいつつ，実際にはいかにマイノリティの人々をマジョリティの社会のなかに溶け込ませるかという，結果的に「同化」への方向性を強いるようなものもしばしみられた。懸念されるのは，日本社会に「同化」（＝ "日本人" 化）しない，できないマイノリティを異端視し，これを遠ざけるばかりとなることである。異なる文化的背景をもつ人々を地域社会の一員として迎え入れ，ともに歩んでいくためには，まず，マジョリティの側の一方的な価値観に基づく「共生」の観点そのものを見直すことが求められる。そのうえで，マイノリティの側がかかえる問題についての理解・把握に努め，そのことによって自らの意識や固定観念に変革を促し，ともに解決していこうとする姿勢をもつことが重要である。

　本書第 2 部の各章で示されたとおり，世界各国の多文化・多民族共生に関する取り組みが日本社会に問いかけるものは大きい。とりわけ移民国家において，多文化・多民族教育は不可分のテーマであり，多言語教育のサポートシステムなど，マイノリティの生活と社会参画を支えるための環境が整備されている。また，マジョリティの側が多言語・多文化にふれて，自分たちの社会のあり方について考えることにも注意が払われている。

　他方，日本における多文化・多民族教育は，マジョリティの側の理解を促す啓発活動的なプログラムが中心であり，外国籍市民やその子弟，いわゆる帰国子女など外国につながる日本籍の子弟，どちらに対するものも，いまだ不十分といわざるをえない。加えてそれらの取り組みは，主として地方自治体が各地域の事情によって管轄下の義務教育諸学校や社会教育のなかで実施するものが大半であり，国レベルの取り組みとしては，前述の答申や新「要領」をみてもなお，積極的な方向性が示されているとはいいがたいのが実情である。

（2）大学のグローバル化と多文化・多民族共生

　日本政府による多文化・多民族教育への取り組みは，主として直接の管轄下にある高等教育を通じて実施されている。具体的には，各大学にグローバル化への対応を促す各種の助成事業というかたちで展開されるが，政府・文部科学省のほか，法務省・外務省・厚生労働省・経済産業省・国土交通省などが関与する一大プロジェクトが存在する。いわゆる「留学生30万人計画」である。

　「留学生30万人計画」は2008年7月，計画の骨子が策定され，日本を世界により開かれた国とし，アジア・世界の間のヒト・モノ・カネ・情報の流れを拡大する“グローバル戦略”展開の一環として，2020年を目途として30万人の留学生受け入れをめざすものである。具体的には，日本留学への関心を呼び起こす動機づけや情報提供，入国・入試・入学などの入口の改善，大学などの教育機関や社会における受け入れ体制の整備，卒業・修了後の就職支援など，幅広い施策について関係省庁間で検討し，その具体化を図るとしている。

　本計画に先立つものとして1984年6月，21世紀初頭までに留学生受け入れ数を，当時のフランス並みの10万人に増加させるとの目標を掲げた「留学生10万人計画」がある。この計画は数字の上では達成されたが，卒業後，日本での就職に至る学生は少なかった。政府のプロジェクトの目的は，日本の大学の国際競争力を高め，すぐれた留学生を戦略的に獲得し，日本になじんだ留学生の相当数を国内で就職させ，まさに“グローバル人材”としての活躍を期待するものである。今回の「留学生30万人計画」にあたっては2010年7月，出入国管理法を改正して永住権が取りやすくなるなどの施策が実施されている。ただしそうなれば，彼ら彼女らの子弟のための教育をどうするか，母国の家族の呼び寄せなど，多文化・多民族共生の環境整備がいよいよ不可欠となる。

　「留学生30万人計画」の数値目標の進捗状況について，日本学生支援機構の統計調査によって確認すると，計画開始の2008年時点の総数が12万3829人であったものが，2016年現在23万9287人と集計されている。なお，ここでの「留学生」の定義は，大学院（4万3478人）・大学（学士課程7万2229人）・短期大学（1530人）・高等専門学校（564人）・専修学校（専門課程5万235人）・

大学入学のための準備教育課程（3086 人）および 2013 年まで集計の対象外で
あった日本語教育機関（6 万 8165 人）における在籍状況であり，いわゆる日本
語学校を除いた値では 17 万 1122 人と大幅に落ち込む。

　ちなみに，前述の法務省統計によれば，2016 年現在の在留資格別留学者数
は 27 万 7331 人であり，学校種や期間などを問わなければ，数字の上では順調
に推移しているとみることもできる。出身地域別の割合は，アジアからの留学
生が 93.0％と圧倒的に多く，中国（9 万 8483 人）・ベトナム（5 万 3807 人）の
2 カ国で全体の 63.7％を占めており，以下，ネパール（1 万 9471 人）・韓国
（1 万 5457 人）・台湾（8330 人）と続き，欧州・北米からの留学生比率は 4.6％
となっている。

　日本政府はグローバル化に対応すべく，もっぱら高等教育の分野でさまざま
な“グローバル人材”養成のための事業を展開しているが，現在のところ初
等・中等教育との連携が必ずしも図られていない。新「要領」の注目点の 1 つ
とされる高大接続連携の方向性（「大学入学共通テスト」など）は注視されるべ
きであるが，いうまでもなくグローバル人材とは，単に多言語を操れる人と
いったようなことではない。前述の小学校における外国語教育のあり方につい
ても，英語そのものにふれさせるよりも，異文化体験やコミュニケーション能
力の涵養を重視すべきとの批判も根強い。

　多様な文化的背景をもつ人々の間に立ち，周囲との関係性を円滑ならしめる
コミュニケーション能力と，すぐれたリーダーシップを備えたグローバル人材
の養成をいかに図るべきか。一例として，「博士課程教育リーディングプログ
ラム」のなかで公募され，2012・13 年に 6 校が採択された多文化共生社会に
関するプログラムには興味深いものがある（金沢大・大阪大・同志社大・東京
大・名古屋大・広島大）。海外でのセミナーや短期留学，院生自身が計画する
フィールドワークやインターンシップなど，異文化にふれて自文化を考える豊
富な体験の機会を通じ，文化のちがいに寛容な理解をもつリーダーたちを育て
ることは，多文化・多民族共生の理念の浸透を図るうえでも重要なことといえ
よう。

▶第3節　高等教育"生涯学習機関化"の展望

（1）日本の大学モデルと生涯学習の地平

　日本の高等教育進学率は，2016年現在，いわゆる現役生（18歳入学者）の大学（学士課程）進学率に限っても49.3％に上る。これに短期大学を加えれば54.8％，専修学校（専門課程）を加えれば71.1％，それぞれの過年度入学者も加えた場合は80.0％の高水準にある。エリート型の高等教育が大衆化の過程を経て，ユニバーサル・アクセス段階に至るというトロウ（Trwo, M., 1926-2007）の"発展段階論"をほぼ跡づけている。

　いっぽうで，いわゆる18歳人口は1992年の約205万人をピークに減少しつづけ，2016年現在，約119万人である。反面，大学の数は増え続け，1992年に523校（国立98校・公立41校・私立384校）であったものが，2016年現在，777校（国立86校・公立91校・私立600校）となっている。後述のとおり，今や半数の大学が"定員割れ"の状況というのも頷けよう。

　しかし，①18歳で入学→②学費は受益者（本人＝多くは親）の負担→③22歳で卒業（そのまま最終学歴）という"大学モデル"のあり方は，じつは日本社会に特有のものといってよい。本書第2部の各章で示されたとおり，たとえば欧州・北米各国の高等教育システムは，実質的・機能的な「生涯学習機関」としての側面を併せもっている場合が多い。なかんずく，多文化・多民族教育の理論と実践の拠点となっている事例も少なくない。

　年齢については，OECD（経済協力開発機構）の「高等教育機関への進学における25歳以上の入学者の割合」というデータがある。それによると，日本高等教育における25歳以上の入学者比率は2.5％であり，25カ国の平均が20％を超えるなかで，下から2番目と極端に低い。これは日本の大学が，事実上の青年期教育機関としての役割を負っていることを端的に示している。

　日本の大学は明治以降，基本的には職業教育機関としての専門学部制を採用している。しかし内実は，一部の分野を除いて専門職養成機関としての色彩が希薄であり，社会人教育への意識についても高いとはいえない。まして後述の

とおり "大学全入時代" といわれる昨今，大学進学は高等学校卒業の延長線上にあり，大学での学びに意義や意欲を見いだせない学生も少なくない。

かたや日本の企業社会は，長らく終身雇用制を前提とする就業体系を基本としてきたため，就職したあと，仕事を続けながら "学び直す" ことに意義や付加価値を認めてこなかった。企業側は 22 歳のいわゆる新卒者を一括採用したうえで，もっぱら企業内教育によって "社員" を育ててきた。大学の役割は，18 歳段階である程度の人材を入試によって選抜し，企業社会という出口に送り出すことであり，一定程度の知識や教養以上の付加価値を期待されることはなかった。企業側はむしろ，自社の "色" に染めやすい汎用的な人材を求め，必要以上に "色" のついた人材を好まなかった。すなわち，ゼネラリストへの志向であり，多くの正社員が「総合職」の名で呼ばれた所以である。

ところが近年，加速度的な情報化や絶え間ない技術革新といった不確定要素が増加するなかで，多くの企業の経営環境が激しい変化にさらされている。終身雇用が揺らぐなか，これまでのように新卒者を一から教育する余裕はなくなり，代わって大学側に即戦力となりうる多様な人材の供給を求めるようになった。高度な能力やイノベーティブな可能性など個性的な "色" のついた人材を欲し，社会の変化に柔軟に対応し，変化のなかから新たな価値を生み出す創造性に重きをおくようになった。すなわち，スペシャリストへの要請である。

これまで日本の大学は，工業化社会を支える人材養成への期待を担って発展してきた。だが今日の高度情報化社会，すなわち，情報とコミュニケーションの技術（ICT：information and communication technology）が急速に進展し，移動や物流の利便性が飛躍的に向上した現代社会においては，「資本」を基軸とする工業経済から「知識」を基盤とする知識経済（「知識基盤社会」）への移行が叫ばれている。前述の各答申の方向性にもこのような前提が顕著であり，実質的な専門職養成機関，機能的な生涯学習機関としての "大学モデル" への転換が迫られているのである。

（2）大学の ICT 化と生涯学習の課題

社会人が大学で"学び直す"という文化が，なぜ日本では定着しがたいのか。少なくとも以下，3つの課題が，日本の高等教育機関が生涯学習の機関として必ずしも機能していない要因と考えられる。

第一の課題は，いわゆる4年制大学に限っても，約77％が高学費の私学という構造上の問題である。本書第2部の各章で示されたとおり，社会人の学び直しニーズに応えることに成功している各国の事例をみると，公的支援が厚く低学費ないし無償の場合も多い。すなわち，解決策の鍵となるのは公共投資，大学の無償化である。事実，2017年の総選挙では，幼児教育の無償化と並んで高等教育の無償化が争点の1つとされた。

万人が納める税によって大学の学費まで賄うのは不公平との指摘も根強いが，これは"エリート型"の大学観に基づくきわめて時代錯誤な言説といわざるをえない。すでに"ユニバーサル・アクセス"の段階に達した高等教育の質と機能の転換を図り，ニーズに応じて万人に開放された「生涯学習機関」としての新しい"大学モデル"を，社会人の［学び直しのサイクル］のなかに位置づけることができれば，その価値と可能性は計り知れないものとなる。

第二の課題は，上記のコストの問題ともかかわるが，学び直しの需要や必要の度合いはともかく，学習の意欲を吸収するような機関や機会が，職業訓練校やカルチャーセンター，公民館や各種学校など，大学の外にも多く存在することである。前節でもふれたが日本の社会教育は，もっぱら地方自治体をはじめ，NPO や企業などによって担われ，大学がその中心にあるとはいいがたい。

近年は，エクステンションセンターの設置による公開講座の常設化，科目等履修生や「履修証明プログラム」「職業実践力育成プログラム」の制度化など，いわゆる大学開放に向けたさまざまな試みがみられるが，現在のところ生涯学習に関する施策は，個人レベルの自己研鑽を促す以上の効果を上げているとはいいがたく，社会的評価を伴う［システムづくり］の途上にあるといえる。

第三の課題は，まさにその［学び直しのサイクル］の［システムづくり］の根幹にかかわる社会的「評価」をめぐる問題である。とりわけ"エリート型"

の大学観，終身雇用の残滓が根強く残る日本において，学び直しの「成果」を適切に「評価」する社会的意識を醸成することは容易でなく，ましてや，右肩上がりの成長社会のなかで培われた学歴神話の払拭，学校歴信仰の克服は並大抵のことではない。18歳時の選択が，その後のキャリアをある程度決めてしまうような不合理を改善するためにも，生涯学習観のパラダイムシフトが必要である。

　具体的には，専門教育のレベル認定や資格制度の充実，各職業分野における認知やそれらの実質化に伴う企業への影響（賃金上昇，待遇への反映）など，そのような循環が大学の社会的役割の1つとして，本来の教育研究を深化させるかたちで発展すれば，産学双方に win-win のメリットをもたらし，何よりも学習者の自己実現に資する「学習社会」の1つのかたちを生み出すことになるのではないか。

　万人のための学習社会を実現するにあたっては，地理的・時間的な制約など，さまざまな事情によって実際の通学が困難な学生の学習環境に配慮し，これを整備する必要がある。近年の発達が著しい e ラーニングなど，ICT の活用はますます不可欠なものとなろう。とりわけ注目されるのは，オープンエデュケーションの普及であり，その起爆剤となった大規模公開オンライン講座 MOOC（massive open online course）などの展開である。

　オープンエデュケーションは，教育の機会拡大や格差の是正に有効な解決策を提示するのみならず，すべての段階の教育と生涯学習のあり方を劇的に変化させる可能性を秘めている。これらのシステムは，ウェブサイト上にオープンの教材（OER：open educational resources）を共有することで，たとえばこれを予習させ，反転授業（flipped classroom）のような教育改善方法を実践するなど，教員・学生の双方にとってのさまざまな活用が考えられる。実際にハーバードや MIT，京都大といった国内外のトップ大学が MOOC 上に講座を公開し，従来の大学教育のあり方に一石を投じる契機となっている。高度情報化の進展は，かつてイリイチ（Illich, I., 1926-2002）が唱えたユートピア的〝脱学校論〟を，もはや現実のものにしようとしているのである。

▶第4節　多文化・多民族共生時代の高等教育と生涯学習

　財務省の報告によれば，2017年の国家予算は約97兆円，うち約34兆円が公債という名の借金，すなわち，将来世代の負担である。他方，いわゆる教育予算（文教・科学振興）の計上は，約5兆円にすぎない。人工知能の発達など，絶え間ない技術革新とグローバリゼーションの大波のなかで，若年層はもとより，現役世代の社会人の学び直しニーズに応えることができなければ，少子化・高齢化が加速する日本社会の衰退は避けられない。

　もし雇用が安定し，生活にゆとりが生まれれば，病気などのリスクも軽減され，すでに約32兆円に上る社会保障費の抑制にもつながるのではないか。ちなみに，消費増税1％分で約2兆円の歳入見込みとの試算があるが，いずれにせよ教育が決して単なる個人投資にとどまらず，重要な社会インフラへの公共投資であることは改めて確認されるべきであろう。

　ところで，文部科学省の統計調査によれば，2016年現在の大学院在籍者数は24万9588人，これを前述の留学生の数字と照らし合わせると，その比率は17.4％である。同じく大学（学士課程）256万7030人（2.8％），短大・高専はともに1％弱，専修学校（専門課程）65万6649人のなかでの比率は7.7％となる。この数字をどうみるか。周知のとおり，近年の少子化・高齢化は，日本社会のあらゆる側面に影響を及ぼし，「留学生30万人計画」も，優秀な留学生の定住化によって少しでも人口減少を補い，将来的な移民政策への布石としたい思惑があるともいわれる。また，少子化に伴う18歳人口の減少は大学経営を直撃し，日本私立学校振興・共済事業団の報告によれば，2016年時点で私立大学の44.5％が"定員割れ"の状況にあるという。"大学全入時代"の言葉どおり，経営難の一部私学には学生数の減少を留学生の受け入れによって補い，甚だしきは解散命令が下された事例も存在する。前述の2010年入管法の改正によって就労（アルバイト）要件が大幅に緩和されたことも"留学生"の渡日を後押ししているとの指摘もある。

　現在，日本の大学は，機能別分化以前のあからさまな二極化の渦中にある。

入試による選抜の機能を失った"経営困難校"に，学ぶ意欲や基礎学力などに相当の問題をかかえた学生が国の内外から集まり，それらが"教育困難校"となるのはある意味自明である。そうなれば，高等教育としての実質を担保することはむずかしい。前述の2005年答申以降，いわゆる大学改革の主要なテーマは教育の「質保証」の一点に尽きるが，たとえば，新「要領」最大の目玉とされる「主体的・対話的で深い学び」とは，ここ数年，大学教育改革の主役として現場を席巻してきたアクティブラーニングの初等・中等教育における読み替えといえるものである。大学での失敗や曲解があまりに多かったことをふまえた"和訳"が試みられたものだが，いずれにせよこのようなマジックワードが独り歩きするかたちでの"改革"の危うさを示すものといえる。

　もちろん，現状のまま，すべての大学を無償化しようとする議論は，社会的に受け入れがたい。今の大学のあり方，今の教育の内容で，意欲ある留学生や社会人の期待に応えられるのか。教育効果を高めるための授業改善，評価方法の見直し，学習成果やカリキュラムの絶え間ない検証は不可欠である。

　これからの大学には，社会的能力を生涯にわたって深化させる"高等教育"を提供する"開かれた「知」の拠点"としての役割が求められるのである。

【木田竜太郎】

[主要参考文献]
①イヴァン・イリイチ／東洋・小澤周三訳『脱学校の社会』東京創元社，邦訳1977年
②マーチン・トロウ／喜多村和之訳『高度情報社会の大学―マスからユニバーサルへ』玉川大学出版部，邦訳2000年
③小熊英二『単一民族神話の起源―〈日本人〉の自画像の系譜』新曜社，1995年
④舘昭『原理原則を踏まえた大学改革を―場当たり策からの脱却こそグローバル化の条件』東信堂，2013年
⑤松下佳代・京都大学高等教育研究開発推進センター編『ディープ・アクティブラーニング―大学授業を深化させるために』勁草書房，2015年

第 15 章

アイヌ民族の言語・文化復興と学校教育への取り組み

　アイヌ民族の教育を考えるとき，そこには2つの視点が存在する。1つはアイヌ民族が自民族の教育をどのように進めるかという視点である。それは民族のアイデンティティを高め，結束を強めていくという目的が見いだせる。もう1つは，日本社会，いわゆる和人に対する啓発的教育である。アイヌ民族についての理解を促して日本社会が多文化・多民族の社会として共生意識を育てていく教育である。本章では主にアイヌ民族の人々が自民族のためにどのような教育を求めてきたのか，そしてそれが日本社会にどのような影響を与えることになるか考えていく。まず，最初にアイヌ語復興の現状について考えてみる。つぎに，アイヌ民族が学校教育にどのようなアプローチをしてきたかを考え，そのなかで歴史教育の重要性とその課題について論じることにする。

▶第1節　アイヌ民族の概要

　アイヌ民族はかつて蝦夷地，今の北海道を中心に千島，樺太，東北地方などに広く居住し，狩猟採集漁労をはじめ雑穀農耕を営み，北方地域における交易活動を広範囲に行っていた人々である。しかし，政治的・経済的な支配や日露間の国境の確定など歴史の変遷のなかで日本に組み込まれ，居住地域も北海道に狭められていった。アイヌ民族は幕末から明治にかけて近代日本の形成期に国家に組み込まれた北方少数民族であり，ILO169号条約（日本未批准）に依拠する「先住民族」という特定の概念に当てはまる。彼らはマイノリティであり，経済的な搾取と社会的な偏見や差別にさらされてきた。文化的にも民族の言語や文化，価値観が貶められた。現在徐々に改善はしているが，なおその影響が残っている。北海道環境開発部が2013年に行った『北海道アイヌ生活実態調

査報告書』によると道内各市町村のアイヌ民族の人口は1万6786人となっている。この調査は北海道アイヌ協会との関係がない人々や調査自体を受けなかった人々，また帰属意識が曖昧な人々は調査対象となっておらず，アイヌ民族人口の実数はこの数倍になるものだと推測される。また北海道以外にも首都圏など大都市圏に多数転居しているが，調査対象とされていない。

　国は，アイヌの人々の民族としての誇りが尊重される社会の実現を図り，わが国の多様な文化の発展に寄与することを目的とし，1997年に「アイヌ文化の振興並びにアイヌの伝統等に関する知識の普及及び啓発に関する法律」(以下，アイヌ文化振興法) を制定した。そしてこれを実現すべく諸施策を展開している。このなかに教育政策も含まれている。

▶第2節　アイヌ語の教育

（1）アイヌ語の復興の現状

　アイヌ語は日本語とは系統を異にする言語で，現在「消滅の危機に瀕する言語」といわれる。その背景には，明治以降に進められたアイヌ民族へのいわゆる同化政策がある。日本語への転換を図るために学校教育を通して国語教育が徹底された。「北海道旧土人保護法」(1899年公布) が制定されたことを受け，「旧土人児童教育規程」が1901年に公布された。これ以後，アイヌ民族の子どもには，修身をはじめとする教科のみならず学校生活全般で日本語が用いられるようになり，アイヌ語の使用が制限されていった (小川，1997：138-146)。その影響は家庭に及び，周囲に和人社会が広がるにしたがい日本社会への依存度が高まっていくと，アイヌ社会のなかに劣等感も広まっていった。やがて，次世代へ自文化の受け渡しを拒むようになり，その結果，豊かなアイヌ語の文化が生活の場から消えていくことになった。アイヌ語が消滅するという言説は，すでに1920年代にはみることができる (金田一，1926：例言2)。しかし，現在でも母語話者は高齢化しているとはいえ存命している。また幼少期にアイヌ語に接していて，その素養をもつ潜在的話者も少なからずいる。そして，近年

普及活動が行われていることで若手の話者は増えてはいる。

アイヌ語の復興運動は，1980年代後半から活発に行われるようになった。その中心となるのがアイヌ語教室であった。1985年に平取町二風谷と旭川で開設されたのが始まりである。道内には北海道アイヌ協会が道庁の委託事業として行うアイヌ語教室が2010年までに14カ所開かれていた。ここではアイヌ民族の人々のみならず，地域に居住する和人の学習者も多数参加し，月2〜4回の割で初歩的なアイヌ語やアイヌ文化の学習が行われていた。費用もかからず意志があれば誰でも参加できた。独自の教材を使うことが多く，その内容も実施教室ごとに趣向を凝らし，独自のカリキュラムで参加者の興味関心をふまえながら講座を組み立てていた。日常会話や言い回しといった口語のアイヌ語表現から，ユカㇻ（英雄叙事詩）やカムイユカㇻ（神謡）の聞き取りや解説という日常生活では途絶えてしまったアイヌ語の姿を学習することができた。そのほかにも地名研究や古来の生活や儀式の説明など，アイヌ語をもとにアイヌ文化全般を包括した学習を行っていた。語学的な教養と同時にアイヌ文化への造詣を深めるものといえた。しかし，このアイヌ語教室は，北海道議会で北海道アイヌ協会への事業見直しが求められ，漸次閉校した。現在はこのアイヌ語教室とは別に2014年度から財団法人アイヌ文化振興推・研究推進機構（以下，アイヌ文化財団）が行うアイヌ語初級講座（入門講座）と上級者講座が道内6カ所と東京で行われている。また，これらのほかに，一般を対象にして毎週15分のアイヌ語ラジオ講座番組がSTVラジオで放送されたり，親と子のアイヌ語学習（隔週）やアイヌ語学習振興のためにアイヌ語弁論大会が年1回催されたりしている。また，口承文芸継承者育成事業も行われている。

（2）学校教育でのアイヌ語教育の可能性

ところで，アイヌ語を学校教育で教えることはできないものであろうか。学校教育のカリキュラムは，学習指導要領で規定されている。アイヌ語は，どの教科の学習内容ともなっていない。この点が日本語（国語）や外国語（英語）とは大きく異なる。しかし，アイヌ語は日本固有の言語であり，それを培って

きた歴史的，社会的背景をもつ文化遺産である。今も継続する伝統であり知の宝庫でもある。アイヌ民族にとっては，アイヌ語は使われなくなっても民族の象徴としての意味をもつものであり，先住民族の視点をふまえるならば学習の機会は広げられるべきものであろう。

多文化教育の視点からすれば，アイヌ語は日本固有の言語であり，日本の言語文化の豊かさを広げるものである。アイヌ語はすでに存続が危惧され，日常的に使われていない言語であるが，これを学ぶことはアイヌ文化の担い手としてアイヌ民族に目を向け，日本の多様性の広がりを意識することになる。

学習指導要領では日本の文化・伝統を学ぶことが推奨されている。『平成29年度学習指導要領（国語編）』の教科目標として，言葉がもつ価値を認識するとともに，言語感覚を豊かにし，日本の言語文化にかかわり，国語を尊重してその能力の向上を図る態度を養うことをあげ，次のように述べられている。

「我が国の言語文化に関わるとは，我が国の歴史の中で創造され，継承されてきた文化的に高い価値をもつ言語そのもの，つまり，文化としての言語，また，それらを実際の生活で使用することによって形成されてきた文化的な言語生活，さらには，古代から現代までの各時代にわたって，表現し，受容されてきた多様な言語芸術や芸能などに関わることである」（文部科学省，2017：13）。

この一文は国語（日本語）で古典教育を念頭に書かれているが，ことごとくアイヌ語にあてはまる。アイヌ語のもつ豊富な文学的蓄積は豊かなアイヌ文化の所産である。日本の古典文化に匹敵するものでもある。

近年，方言学習が共通語との使い分けのなかで推奨されている。学習指導要領では次のように書かれている。「方言はある地域に限って使用される言葉である」「方言は，生まれ育った地域の風土や文化とともに歴史的，社会的な伝統に根ざした言葉であり，その価値を見直し，保存・継承に取り組んでいる地域もある」（文部科学省，2017：50）。この記述の方言をアイヌ語と置き換えれば，アイヌ語の学習も地域の伝統に根差した言葉の学習といえる。アイヌ語を日本の北方の地域言語として捉えるならば，道内のようにアイヌ民族の人々が

多く居住し，アイヌ語地名など多く残る地域においては，有効な学習といえる。実際に，アイヌ民族の居住が多い平取町二風谷の二風谷小学校では2015年度よりアイヌ語学習が総合的な学習の時間を使って定期的に行われている（読売新聞，2017）。こうした教育はアイヌ民族の子どもたちが自己の帰属する集団の言語を公教育の場で学習することで，自己肯定感を高め，積極的な生き方ができるようになるきっかけとなる。またマジョリティの日本人の子どもにとっても，多文化的な見識を広め地域文化の豊かさを体感できるものとなる。そして，それが多民族共生の意識を涵養していくものとなっていく。

　以上のように考えるならば，アイヌ語を学校教育で学習することには，日本の伝統文化の学習，日本社会の多文化受容意識の促し，そしてアイヌの子どもたちの人間形成の伸張など幅広い意義などを見いだすことができる。しかし，全国的に広範囲で学習するには学習内容の見直しや意識の変革も必要である。道内にあっては地域や保護者の理解があれば，総合的な学習の時間や特別活動などで実施することはさほどむずかしいことではない。

▶第3節　アイヌ民族と学校教育

　つぎに，アイヌ民族と学校教育のかかわりについて考えていくことにする。近年アイヌ民族の事項を学校教育の場で扱う機会が増えている。小中高校の各学校レベルで日本史を中心に総合的な学習の時間やそのほかの教科でも取り組みがなされている。北海道内ではさまざまな実践例の報告もなされている。また，歴史分野の教科書記述についても1989年の学習指導要領改定以降の教科書では，記述の分量は増加し内容項目も増えている。このような動向は，1980年後半からの「アイヌ新法」制定運動や国際先住民年という社会的な出来事が影響している。社会的な多様化，多様な価値観のなか，アイヌ民族についても教員や研究者の問題意識の広がりに支持され，教育現場で盛んに行われはじめたということができるだろう。しかし，戦後間もないころにはまだアイヌ民族に対する偏見や差別は深刻なものがあり，学校現場でも看過することができな

い状況にあった。アイヌ民族の学校教育とのかかわりはここから始まる。

（1）学校教育に対するアイヌ民族の取り組み

　社団法人北海道ウタリ協会（現，北海道アイヌ協会）は，ウタリ（同胞）の自覚と生活の向上をめざす組織として発足した。ここでは，アイヌ全般の生活福祉対策を基本として，その改善を目途としていたが，そのなかで教育の必要性を重視し，アイヌ民族の教育の向上が「我々ウタリの体質とか，すべてのものを改善するなかで一番大事なこと」（北海道ウタリ協会，1994：286）として捉えた。具体的な活動では，子どもの高校入学支度金や修学資金，大学，専門学校への修学資金の給付であった。1979年の北海道庁民生部が行った『第2回ウタリ生活実態調査』の結果では，高等学校の進学率の上昇が示されたが，大学への進学率の少なさが課題となった。その原因が低所得との関連で指摘されており，生活基盤の整備が教育においても根本的な課題となっていた。これと並び不登校と青少年不良化の問題も課題として提示されていた（北海道ウタリ協会，1994：439）。これは単に学校不適応，学力不振という個人に帰せられる問題ではなく，校内でのいじめや差別に起因するものもあると考えられた。

　この前年には，教科書と道内小中学校副読本のなかでのアイヌ民族に関する記述が，大きな問題として扱われている。学校教育におけるアイヌ民族の歴史や文化の取り扱いや指導をめぐる諸問題について，細かな項目の検討が行われている（北海道ウタリ協会，1994：381）。この運動は北海道教育委員会を動かし学識経験者を交えた「アイヌ教育研究協議会」で検討が行われていった（北海道ウタリ協会，1994：501）。協議会の主な活動は，道内各地の小学校社会科副読本を調査・分析し，その結果に基づいて新たに指導書を作成することであった。のちに小中学校対象『アイヌの歴史・文化に関する指導の手引き』（1984），高等学校対象『アイヌ民族に関する指導の手引き』（1991）が作成され，各学校へ配布された。また，いじめや差別はアイヌ民族のおかれた状況や認知が進まないのが原因と考え，アイヌ民族に関する教育を学校現場で行うため，教員研修，教育相談員設置など整備が行われていった。

180　第3部　日本の多文化・多民族共生と生涯学習の今

アイヌ民族の教育問題が経済的事情とともに差別に起因したものであれば，教育の機会均等は形式的というしかない。貧困や人権に根ざした問題は，世代間の負の連鎖も引き起こしていると考えられ，今日に至る問題でもある。

（2）1980年代以後の状況の変化

日本社会が経済発展し，豊かで安定した生活を送れるようになったにもかかわらず，平均的なアイヌの人々の生活水準は相対的に低かった。こうした貧困は社会で根深い偏見や差別がなお存続していることに起因していると認識されていた。北海道ウタリ協会は1984年に，「北海道旧土人保護法」に替わる新法の素案「アイヌ民族に関する法律（案）」を総会において可決した。北海道ウタリ協会の運動方針といえるもので，これ以後この法律案実現に向けた活動が行われていく（北海道ウタリ協会，1994：657-665）。アイヌ民族の運動は，社会的にもクローズアップされ，1993年の「世界の先住民の国際年」（国際先住民年）とその後の「世界の先住民の国際10年」がアイヌ民族運動の支えとなり，日本史教科書のアイヌ民族関連記述の記載が増加した。また，アイヌ文化を題材とした教科教育も繰り広げられていくことになる。アイヌ民族内でも先の協議会を中心に，アイヌ民族の事柄についての教材化の支援を行ったり，教育相談員が小学校などを回り，直接アイヌ文化の普及活動を行うようにしていった。

▶第4節　社会科副読本から考えるアイヌ歴史教育

（1）社会科副読本の問題点

そこでつぎに，アイヌ民族への差別解消の端緒となった歴史教育の改善について考えてみる。ここでは北海道における地域教材としての社会科副読本と近年作成された『アイヌ民族副読本』を中心に考えてみる。

全道では各市町村で地域の歴史や事柄を学ぶ小学校用地域学習副読本が1960年代から作成されている。いわゆる社会科副読本である。しかし，この副読本には必ずしもアイヌ民族の歴史が書かれているわけではない。各自治体

の誕生や発展などに視点がおかれ，明治以降の和人入植後の歴史が主なものとなっていた。先住民族であるアイヌ民族の事柄にはふれられていないものが多い。これがアイヌ民族への差別を生みだす原因になっていると考えられた。

　明治百年を期し，1968年を北海道の開基百年とする歴史認識がこの時期に広がり，大々的に行事が行われた。この考え方が道内各市町村に広まり，その後自治体の始まりを開基○○年と祝うことが定着していった。それは北海道に古くから生活しているアイヌ民族の歴史をないがしろにするものであるとの抗議の声が上がった。こうした「開基思想」に対抗して，アイヌ民族がおかれた差別と貧困の社会状況は，開拓の歴史とは切り離すことはできないという考え方が広がった。この流れを受け北海道ウタリ協会は，学校教育のなかでのアイヌ民族の歴史の扱われ方を調査し，改善を求めていった（北海道ウタリ協会，1994：7-8：381・465-466）。歴史教育における戦前の歴史教育のあり方，現行の教育内容の誤謬を批判し，新たな歴史観に基づく，歴史教育の指導を広く求めることになった。

（2）アイヌ民族副読本の作成

　いっぽう，アイヌ文化振興法施行後，アイヌ文化財団は2001年にアイヌ民族の理解のために歴史教育の副読本『アイヌ民族：歴史と現在—未来を共に生きるために』（アイヌ文化振興・研究推進機構，2001；以下，『アイヌ民族副読本』）をつくり，2001年度から全道の小学4年生と中学2年生ならびに全国の各小中学校に一部づつ配布している。この副読本は，「アイヌ文化を含めアイヌに関する知識や教育の普及・充実を通じて，アイヌの人々やアイヌ文化についての理解の促進を図ることが極めて重要であると考えられる。そのためには，教員の養成・研修から学校教育の現場に至る流れの中で活用しうる教材等の作成，配布が望まれる」（ウタリ対策のあり方に関する有識者懇談会，1996：11）という答申を受け，国民に対するアイヌ理解の推進を図るひとつとして，アイヌの歴史や文化などについての知識の普及啓発を図るために作成された。この背景にはアイヌ民族の先住性，文化の独自性を認め，北海道開拓のなかで行われた同

化政策によりアイヌ社会や文化が打撃を受け，それに伴って差別や貧窮を余儀なくされていったことに対する認識があった。

2008年の改訂版では，これまでの章立てが小学校用と中学校用で大きく手直しされ，両者の内容も大きく変わった。小学校用は旧版に比べ絵や写真もふんだんに取り入れられ，学びの構成もアイヌ文化から入り，歴史学習を行い，現代社会の事項へと移行する。3年生から6年生への発展的な学習ができるように学習指導要領を意識した配置となっている。記述も平易で，子どもが具体性をもって理解できるように工夫されている（表15.1）。

いっぽう中学校用では，旧版と同様に通史を時代ごとに記述していく構成となっているが，記述量も増え内容的にも高度化している。とくに近現代の政治・社会の事象については，直近までの事柄が詳細に記述されており，アイヌ民族の社会的なあり方が明示されている。両副読本は内容的な重複はあっても重層化が図られており，学年進行に従いアイヌ理解が深化するようになっている。この改訂版『アイヌ民族副読本』が学校現場で利用されることによって，アイヌ民族の歴史と文化の学習が小中学校のなかで十分に行われることが可能となった。これまでアイヌ民族が求めてきた正しいアイヌ歴史教育がなされる素地が築かれたといってよいだろう。

表15.1　2008年の改訂版『アイヌ民族副読本』目次

〈小学校用　改訂版〉

1.アイヌ民族の文化
2.アイヌ民族の歴史
3.アイヌ民族の文化と現代社会

〈中学校用　改訂版〉

Ⅰ.原始・古代	Ⅶ.近・現代の文化
Ⅱ.中世（13〜16世紀）の政治・社会	Ⅷ.アイヌ語
Ⅲ.近世（17〜19世紀）の政治・社会	・うたってみよう
Ⅳ.近世（17〜19世紀）の文化	・アイヌ民族に関わる歴史年表
Ⅴ.近代の政治・社会	・資料
Ⅵ.現代の政治・社会	

（3）『アイヌ民族副読本』をめぐる歴史認識

　しかし一方でこの『アイヌ民族副読本』は記述内容について 2011 年北海道
議会で疑義が出された。その一例をあげると，「『1869 年（明治 2 年）に日本政
府はこの島を"北海道"と呼ぶように決め，アイヌの人たちにことわりなく，
一方的に日本の一部としました』という表記があります。この記述では，明治
2 年当時，アイヌが北海道を支配していたと認めるような文書になっている。
これは誤解を招く表記ではないのか」というものであった（アイヌ民族副読本
問題を考える会，2013：47）。この質問の主旨は「アイヌの人たちにことわりな
く，一方的に」という部分の表現が質問者のもつ歴史認識と異なるというもの
だった。記述内容に対し疑義が提出されたのは初版の発行配布から 10 年以上
経て初めてであり，関係者も戸惑いを感じざるをえなかった。副読本に記述さ
れた知見はこれまで 30 年以上にわたる学校教育での取り組みや歴史研究の上
に築かれていたからである。この疑義が提出された背景には，2007 年の「先
住民族の権利に関する国際連合宣言」の日本の承認と 2008 年の衆参両院によ
る「アイヌ民族を先住民族とすることを求める決議」の政府の承認が影響して
いると考えられる。

　北海道には明治以降の開拓者を子孫とする人々が多数存在する。この人々の
なかには祖先が行ってきた開拓の辛苦の上に今日の北海道の発展があると考え
る人が少なくない。こうした人々にとってアイヌ民族を北海道の先住民族であ
ると認めることは，アイヌ民族が先住権の承認を求め，土地などの権利の回復
を申し出るのではないかという危惧をもつからである。

　先の議員は，この点について『アイヌ民族副読本』ではアイヌ民族を，先住
権を留保する先住民族として位置づけ，それを前提に歴史を扱っていると考え
て，記述を問題視した。こうしたアイヌ民族の先住民族としての地位に疑義を
唱える歴史認識は，いわゆる「開拓史観」と呼ばれるものの延長線上にあり，
「開基思想」とともに北海道の歴史観のなかに潜在化している。

　アイヌ民族の歴史を記述するうえで，北海道開拓の歴史を抜きにすることは
できない。それはアイヌ民族に社会的差別と貧困をもたらした原因でもあるか

らである。そして，その表裏として開拓農民の歴史が存在する。日本が近代国家になる過程で両者はともに北海道の地で国家の政策の下で翻弄された。各々の歴史はその物語の正統性を主張するがゆえに相いれないものとなっている。それゆえ，教育の場においてアイヌ民族の立場に立った歴史を教えるということは，開拓民の子孫にとっては自己否定につながるものとなってくる。『アイヌ民族副読本』の歴史記述が問題視されるのは，そうした歴史認識の齟齬によるものなのである。

『アイヌ民族副読本』の記述は若干の修整が行われ，児童生徒に配布されている。この歴史認識の齟齬は副読本でアイヌ民族学習をするうえで新たな困難な課題として捉える必要がある。

アイヌ民族を主体とした歴史観が戦後発展的に構築され，歴史教育においても現在の『アイヌ民族副読本』のような学習教材が作成されるに至った。そこには，単一民族神話を反故とし，アイヌ民族を先住民族として承認する日本社会があるといえる。しかし，永年の相互理解の末にもなお「開拓史観」ともいえる歴史観との齟齬が再燃している。アイヌ民族を受容する歴史観をもち，日本を多文化・多民族社会として捉えようとするのか，それともエスノセントリックな歴史観を貫くのか，いずれがオーセンティックであるのかを問うことはできない。しかし，その選択は将来の自らの姿を規定していくことになる。

今日，学校教育のなかで，アイヌ民族に関する教育がどのように行われているかを最後に付け加えておく。先述したように，日本史では北方の歴史の一部としてアイヌ民族と和人との関係を学習する。公民や道徳ではマイノリティの人々の人権問題としてアイヌ民族が題材にされる。これらは学習指導要領や教育委員会の指導方針との関係で行われている。そのほか，国語教材や英語科のテーマのなかに扱われることや音楽や美術の教材としてアイヌ文化がふれられることもある。近年目立っているのは，総合的な学習の時間にアイヌ文化財団のアドバイザーが派遣され，アイヌ文化を教える体験学習を行ったり，遠足などの学校行事で博物館などアイヌ関係施設を見学することである。アイヌ民族

の住む地域などでは，平取町二風谷小学校の「ハララキ」（鶴の舞）活動や千歳市末広小学校のアイヌ文化活動のように，全校あげて通年カリキュラムとして 10 年以上継続実施しているものもある。こうした活動はアイヌ民族出身の子どもにとっては自己肯定感を養うものになるだろう。また日本人の子どもたちにとっても，日本文化の多様さ，豊かさの表れを感じさせるものであり，多文化・多民族社会における共生を高めていく教育になる。

　アイヌ文化振興法が施行されてから 20 年あまり経過するが，アイヌ民族に対する社会の見方は徐々に変わってきた。学習指導要領でもアイヌ民族に言及する学習項目も盛り込まれるようにはなってきた。また，民族を理由にしたいじめや差別は表面的には少なくなっているようでもある。社会の寛容度が高まり，多様性に富む日本社会がつくられていくことは期待できるだろう。しかし，そこには先住民族の捉え方や歴史に対する認識，価値観の対峙など越えるべき障害も残されていることは否定できない。　　　　　　　　　　【上野　昌之】

[主要参考文献]
　①北海道環境生活部『北海道アイヌ生活実態調査報告書』2013 年
　②小川正人『近代アイヌ教育制度史研究』北海道大学図書刊行会，1997 年
　③金田一京助『アイヌの研究』内外書房，1926 年
　④文部科学省『平成 29 年版中学校学習指導要領　国語編』2017 年
　⑤読売新聞「アイヌ語を学び　心豊かに」2017 年 5 月 10 日付朝刊
　⑥北海道ウタリ協会編『アイヌ史　活動史編』北海道出版企画センター，1994 年
　⑦アイヌ文化財団『アイヌ民族：歴史と現在—未来を共に生きるために』（小学校版および中学校版）改訂版，2008 年
　⑧「ウタリ対策のあり方に関する有識者懇談会」報告書，1996 年
　⑨アイヌ民族副読本問題を考える会編『アイヌ民族副読本の書き換え問題を考える市民の集い　集会記録・資料集』，2012 年
　⑩末広小のアイヌ文化学習を支援する会『さあ　アイヌ文化を学ぼう！』明石書店，2009 年

第 **16** 章

沖縄における多文化共生教育の特質と生涯学習の課題

　かつて日本とは別の国家を形成し，戦後も四半世紀に渡って米国支配下におかれた沖縄を多文化教育のなかで取り上げるとき，私たちはそれまで自明のものだと思ってきた「民族」や「自国語」といった概念が，必ずしも自明のものではないという事態に直面することになる。ここでは，日本国内のマイノリティである沖縄の多文化教育を取り上げながら，多文化教育の土台をなす諸概念についての考察を進めたい。まず，第1節「沖縄のエスニシティと言語」において，国内マイノリティとしての沖縄の人と言語に関する位置を取り上げ，第2節「琉球民族について」において，民族概念を巡って揺れてきた沖縄の人々の姿を取り上げる。そして，第3節の「方言札について」で，沖縄における同化政策の象徴ともいえる方言札について論じ，第4節「方言札と沖縄民衆」において，方言札が「習俗」として生まれた理由を明らかにする。そして最後に第5節で，現代における沖縄の多文化教育を考える際に外すことができないアメラジアンの問題と，日本唯一の「アメラジアン・スクール」について論じる。

▶第1節　沖縄のエスニシティと言語

　エスニシティという言葉がある。この言葉は長い間「民族性」と訳されてきた。しかし，多文化教育のなかで天皇制国家の枠外に存在した沖縄の問題を扱うとき，私たちは通常自明なものとみなしてきた「民族」や「自国語」といった，エスニシティを分かつ指標とされる諸概念が必ずしも自明なものでないという事態に直面することになる。

　エスニシティの古典的定義では，言語や人種，宗教，共通の出自といった要素が1つのエスニシティと別の集団とを分けて行く根拠とされてきた。しかし，

その標別尺度を沖縄に当てはめようとするとき，私たちは古典的なエスニシティ概念が近代西欧を前提としたものであって，必ずしも普遍的なものではないことを思い知る。

　たとえば，民族集団を差異化する指標の1つである「宗教」をみると，日本本土の「神道」と「琉球神道」とを「同一」といっても，「別物」と扱っても，曰くいいがたい違和感がついて回る。琉球神道が日本の神道の古いかたちを残す「教義なき自然宗教」であることは事実である。戦前から，折口信夫や柳田国男は琉球神道のなかに日本神道の祖形を見いだしてきた。しかし，その存在が天皇制の下に創り上げられた国家神道と無関係であることもまた明らかである。そして，本土と異なり女性のほうが男性よりも霊威（セジ）が高いとされる沖縄では，本土の神主に当たる神女・祝女（ノロ）はすべて女性である。沖縄本島中北部から与論，沖永良部にある「アシャギ」と呼ばれるささやかな拝所の建物を別とすれば，神殿もなければ本来は鳥居も存在しないのが，沖縄農村の聖域である「御嶽（ウタキ）」と呼ばれる空間である。太平洋戦争末期，政府は沖縄在来の琉球神道を整理して，本土の国家神道のなかに組織しようとする計画をもっていたが，実現することなく終戦を迎えた。そのため，1つの集落のなかに数多くの御嶽が存在するという沖縄特有の信仰のかたちが残されることになった。

　言語に関しては，矛盾はもっと複雑である。日本本土の言語と琉球諸島の言語を「同一」と呼んでも「別物」と規定しても違和感は拭えない（ただし，ここでいう「琉球語」とは，王府時代から20世紀初頭辺りまで使用されてきた言語であり，現在の沖縄で使用されているのは沖縄化された大和言葉「ウチナーヤマトグチ」と呼ばれる一種の混合語であり，「琉球語」の定義からは外れる）。

　琉球語は，千数百年前に日本本土の言語と分離した言葉であり，本土では消滅してしまった奈良時代や平安時代の言葉を多く含んでいることは知られている。まちがいなく，日本語と系統を同じくする言語である。しかしその一方で，たとえば琉球大学の東江平之の調査研究によると，同一祖語を基準として共通の残存語で比較すると，英語とドイツ語が58.5％であるのに対して，東京語

と首里語は 65％であり，言語間距離はほぼ等しいことも言語学的事実である（東江，1998）。考えてみれば，ラテン語からフランス語・イタリア語・スペイン語が分岐したのも中世期であり，関係性としては日本本土語と琉球語の場合とよく似ている。長い間，言語は民族を分ける際の指標とされてきたが，独自の「書き言葉」をもつことが独立言語の条件とされてきた。そうなれば，表音文字を使用する印欧語族のほうが，別言語として微細に分化しやすいのは当然である。結論からいうと，「独立語」か「方言」かの区別を決定するのは，政治など言語以外の事情にほかならない。言語学者田中克彦は，次のように述べている。

　「琉球が政治的，文化的に日本の不可分な一部と信じ，とりわけアメリカの占領下にあった時代に，日本への復帰を強く願った人たちにとって，日本語とは別の琉球語を考えることは，その復帰運動を妨害するものだという印象を与えることになろう。おそらく琉球語という表現すら，日本との分離の画策に加担するものだと非難されかねない。それはあくまで日本語に属する一変種，すなわち，鹿児島方言などと同じ場所にならぶ琉球方言であるとその人たちは主張するであろう。ある言葉が独立の言語であるのか，それともある言語に従属し，その下位単位をなす方言であるのかという議論は，その話し手の置かれた政治状況と願望によって決定されるのであって，決して動植物の分類のように自然科学的客観主義によって一義的に決められるわけではない。世界の各地には，言語学の冷静な客観主義などは全く眼中におかず，小さな小さな方言的なことばが，自分は独立の言語であるのだと主張することがある」（田中克彦『ことばと国家』岩波書店，2001：9）。

　具体的にみてみよう。琉球語を独立語とせず，日本語の枠内に入れるならば，日本語のなかは日本本土大方言と琉球大方言の2つに大別される（図16.1）。

　日本本土大方言のなかは東日本方言・西日本方言・九州方言に，琉球大方言のなかは，たとえば仲宗根政善の分類では，奄美・沖縄・宮古・八重山の4方言に分けられる。そして，琉球大方言のなかの言語の差異は，本土大方言のなかの差異よりも大きい。そして，ヨーロッパでは，沖縄本島の言葉と宮古島の方言の差異よりも小さな差異しかもたない言語が，「〇〇語」と名乗っている。

図16.1 日本語方言分類図
出所:外間守善『沖縄の言語史』より

　しかし,現在ではさすがに琉球語を貴重な文化遺産として扱おうとする動きが大きくなっている。ユネスコでは2009年に,世界の絶滅危機言語を発表したが,そのなかには琉球語である奄美語,国頭語,沖縄語,宮古語,八重山語,与那国語が,アイヌ語・八丈語と並んで指定されている。

　言語や宗教,出自などをエスニシティを区分する指標として使う古典的な規定に対して,集団の主観的自己定義(すなわちアイデンティティ)を区別の第一の指標とする考え方が生まれている。ノルウェイの人類学者P.バースなどの学説であるが,この学説と従来の学説を折衷する研究者も多い。沖縄の本土復帰から45年もの歳月が経ち,沖縄の人々の間でも絶滅寸前のウチナーグチ(琉球語)を復権しようとする試みが少なからず生まれている。これまで民謡のなかなどでかろうじて命脈を保ってきたにすぎなかったが,琉球語を使用したラジオ番組も設けられている。また,単発的なものであるが,大学やアジア・アフリカ研究所などによる沖縄語講座も開かれるようになってきた。沖縄の人々が自分たちのアイデンティティを明確に主張しはじめたことと深いかかわりがある。

▶第2節 「琉球民族」について

　言語や宗教と並んで,沖縄の人々を国内マイノリティとして考えるうえで,

あと1つむずかしい問題を取り上げておきたい。「琉球民族」という呼称の問題である。国家との関係で形成される「民族」という概念にも，決して近年まで一般的に考えられてきたような自明性はない。江戸時代には「日本民族」という概念はなかったし，「中華民族」とは孫文がつくった言葉だ。近代以前には，種族概念である「漢人」という呼称のみが存在した。沖縄では，「日琉同祖論」を先頭に立って展開した伊波普猷さえ「琉球民族」という呼称を使用していた。1つの別の国家を形成していたのであるから当然であるが，この呼称は戦前・戦後にまたがる同化政策（戦前は皇民教育として，戦後は祖国復帰運動として）のなかで禁忌とされていく。言論の俎上に載せられるようになったのは，近年のことである。

　しかし，日本のマイノリティである沖縄の人々のアイデンティティの問題をどう考えればよいのか，結論を出すのは簡単ではない。1872年（明治5年），明治政府は琉球王国を廃して「琉球藩」を設置した。政府は琉球藩に，廃藩置県に向けて清国との冊封関係・通交を絶つことや明治の年号使用，藩王（国王）自ら上京することなどを王府に強制したが，琉球が従わなかったため，1879年3月，処分官松田道之が警官・兵を伴う約600人を従えて来琉した。この武力的威圧のもとで，3月27日に首里城で廃藩置県を布達し，首里城明け渡しを命じた。これを「琉球処分」と呼び，これ以降，琉球は日本の一県として生きることを強いられる。そして琉球処分直後から日清戦争が終わるまで，沖縄の支配層（士族）は，親清派の頑固党と親日派の開化党に分かれて争闘を繰り広げたが，戦争終了後は日本との歴史的同一性を強調する言説が主流になった。

　沖縄を含む日本列島の住民たちが，遺伝学的にさまざまな構成要素から成立していることは，近年のミトコンドリアDNAの解析などでも明らかにされている。1980年代には，東京大学の人類学者埴原和郎によって提唱された日本人二重構造論（日本人の構成を，縄文文化の担い手である縄文人と，稲作をたずさえ大陸から新たに渡来した弥生人から成り立ったものとする）が定説となっていた。そして，沖縄の住民は大陸から来た弥生系の要素が少なく，縄文人としての形

質を濃く受け継いできたとされてきたが，最近では全国均一の縄文人の存在自体に疑問が投げかけられている。また，近年の歴史研究の分野では，沖縄には日本の中古に該当するそう古くない時代に九州からの大規模な移住があり，彼らが沖縄の「古琉球」に先立つ「グスク時代」の担い手となって現在の沖縄住民の多数派を形成しているという学説もある。いずれにしても，長い間天皇制国家の枠外におかれてきた沖縄という〈境域〉のあり方は，「あと１つの日本」「ヤマトではない日本」という整理が的確である。沖縄の本土とは異質な文化は，画一的な「日本文化」に風穴を開ける役割を担っている。沖縄音楽やエイサー，空手や沖縄古典舞踊など，沖縄発のカルチャーが現代日本の文化をどれだけ豊かにしてくれているか，改めて説明するまでもない。

　沖縄の多文化共生のあり方を考えるとき，あと１つ大きな問題が残されている。沖縄本島から遠く離れた「宮古」「八重山」の問題である。那覇と宮古島の距離は，東京－名古屋間に等しく，那覇－八重山間は東京と関西の距離に近い。そしてまた，これらの島々は，本島とは異質な歴史を経験してきた。まず，本島にはかろうじて存在した「縄文時代」が存在せず，その時期には南方系の土器・貝斧の文化が広がっていた。そして，近世においては琉球王国の植民地的な役割を担っており，本島にはない「人頭税」という重税が住民を苦しめたという異質な歴史を背負ってきた。今でも宮古・八重山の人々に「沖縄人」としてのアイデンティティはほとんど存在しないといわれている。多文化教育における沖縄への注視は，「単一民族国家」日本の画一的な文化への疑いから始まるといっていい。

▶第３節「方言札」について

　前節で述べたように，今では沖縄文化は，現代の日本文化のなかに確固たる位置を占めている。本土の人間にも沖縄の楽器の「三線」の愛好者は多いし，東京などでは至る所に沖縄料理屋が存在している。夏になると，多くのエイサー団体が週末の路上で踊りと音楽を繰り広げ，それが風物詩ともなっている。

しかし，そのような風景がみられるようになったのは，さほど古い話ではない。

1972（昭和47）年に沖縄が本土に復帰するまでは，日本のマイノリティである沖縄の人々は，基本的には被差別状況におかれてきた。大阪の大正区や横浜の鶴見区には，今でも沖縄系の人々が集住している地域があるが，昔は若者たちが沖縄音楽を演奏しようとすると老人たちから「変な目で見られるから，沖縄の人間だとわかるようなことをするな」と諌められたという話を筆者も聞いている。沖縄の人々が差別を受けてきたのは，風俗や言葉が本土の人々とあまりに異なったからである。

「方言札」と呼ばれた札がある。学校や場所によって異なるが，基本的には蒲鉾の板くらいの大きさの木に「方言札」と書かれており，紐で首から吊り下げるようになっていた。標準語教育を推し進めるために考えだされた罰則札で，沖縄の言葉を使って話をした者の首に掛けられた。そして，この札の一番の特徴は，札を受け取った生徒自身が，次に沖縄方言を使った生徒を発見して，札をその生徒に渡すという方法にある。そのようにして，生徒から生徒へと「方言札」を廻していくのであるが，次の違反者が見つかるまでは札を持っていなければならなかった。時代や学校によっては，札を持っている間は掃除当番などの罰則を課せられることも多かった。また，札から逃れるために，隣に座っている生徒の足を踏みつけて，「アガー（痛い）」と言わせて札を渡したり，体の小さな大人しい生徒に押しつけたりする話もよく聞く。

「方言札」が生まれたのは，20世紀の初頭である（1903年に北谷^{チャタン}小学校で使用された記録が残っている）。小学校や中学校のほか，農村の青年団によって社会教育の場で使われることもあった。札が使われていたのは，南島と呼ばれる沖縄県と鹿児島県奄美諸島であった。東北地方でも使われたという風聞が残されているが，記録や回想などはほとんど見つかっていない。

それに対し，南島（沖縄県と鹿児島県奄美諸島）では，おびただしい量の回想談や記録が残されている。「方言札」は，戦時中はもちろん，戦後の米国統治下でも使用されつづけた。「祖国復帰運動」という，ナショナリズム色の強い運動のなかで，「きちんとした日本語」を使用することが強いられた。1960年

代の後半までは広い範囲で使用されており，現地に行けば体験者と会うことは簡単である。

　前節で述べたように，日本本土の言葉と琉球語には，相当大きな言語間距離が存在した。琉球処分のあと，沖縄県に設けられた小学校では，本土から来た教師は言葉が理解できないため，「文子」と呼ばれる通訳を雇う必要があった。そして軍隊では，沖縄出身の兵士への言語不通が大問題となっていた。

　方言札には２つの基本的な性格が存在している。第一点目は，その慣習的性格（非公式性）であり，第二点目は自然発生的ともいえる，草の根的性格である。第一点目の性格は誰の目にも明らかである。沖縄では，たびたび厳しい会話教育（普通語励行・標準語励行）が行われてきた。だが，どのような厳しい運動のさなかにおいても，一度として方言札の使用に公的な強制力が働いたことはなかった。逆に，方言札はいつの時代にも，大っぴらに語ることがはばかられる教育手段とされてきた。また，第二点目の自然発生的性格は，学校や地域に札が導入された時期がバラバラであること，学校単位での使用も存在したが，教師の判断により学級単位で使用したことも多いことに示されている。

　このような，方言札のもつ非公式的かつ自然発生的な性格は，方言札のあり方を大きく規定している。札の形状や寸法・素材・色彩などの無規格な多様性や，残されている資料が圧倒的に被教育者の側に偏っており，公式資料が少ないこと，掃除当番などほかの罰則を伴うかどうかについても学校ごとに異なること，体罰を伴って生徒を委縮させる場合もあれば，半ば遊戯的に使用されていた時間・空間も存在したことなどである。ただ，方言を使用した者に札を与えて首から吊り下げさせ，次の違反者（方言使用者）が現れるまでその札を持っていなければならないという使用方法だけが，すべての方言札に共通していた。

　じつはこの使用法は，沖縄特有の習俗である集落（シマ社会）の罰札制度の応用であった。沖縄には，王府時代から「南島村内法」と呼ばれる慣習的な法があった。一言でいうと「シマ（集落）の掟」であり，昔はほとんどの民事事件はこの法で裁かれた。共有林で許可なく薪木を伐採したり，女子が夜遅くに

出歩いたりしていると札を渡された。そして札を渡された者は，次の違反者を自分で見つけてその人に札を渡すまで，毎日一定の金銭や玄米を集落に払い続ける必要があった。金を払えずに夜逃げをしたという話も珍しくない。貧しかったかつての沖縄では，砂糖黍一本，果実ひとつが大切な村人の生産物であり，個人の恣意的な消費を許すことができる余裕などなかった。このように沖縄の島人になじみの深かった罰札のシステムを，日本本土語の教育に利用したのが「方言札」である。それは学校教育に入り込んだ「習俗」であるといえた。

▶第4節　方言札と沖縄民衆

　沖縄の学校社会に「方言札」が「習俗」として登場したということは，日本本土語教育の過熱化を意味していた。しかし，その教育には，被教育者側にも学習の動機が必要であった。日本本土語教育を受け入れるレディネスが形成されるのは，日露戦争前後からといっていい。

　前述したように，確かに明治政府は同化を急いだ。とくに軍隊での言葉の不通は大問題となっていた。政府は沖縄の小学校に，本土にはない「会話」という教科を設けた。しかし，20世紀に入るまで，沖縄での近代学校システムはうまく作動せず会話教育もうまくいかなかった。小学校への就学率ひとつとっても，1884年の時点では，日本本土での就学率の平均が男女併せて50.8％であったのに対し，沖縄では男子が5.08％，女子が0.04％であった（文部省年報参照）。

　状況が変わったのは日露戦争の前後からである。このころには沖縄民衆にも，日本本土語を受け入れるレディネスが形成されはじめる。その要因として第一にあげられるのは，この時期に本格化する本土および海外への沖縄県民の移住に伴う差別の問題である。本土に渡った労働者たちは，まず意思疎通の面で困難を覚えることになる。本土とは著しく異なった風俗とあいまって，言語の不通が差別へと直結した。その結果，帰郷者を中心として学習熱が高まっていった。

日本本土語の学習熱が高まり，さらに過熱化していった理由があと１つ存在する。沖縄内部の話し言葉の複雑さによるコミュニケーションの困難性を克服したいという民衆の志向である。元来，沖縄民衆はきわめて複雑な言語世界を生きることを強いられていた。前述したように，海で隔てられている南島の言語間距離は，前述したように日本本土語内部の言語間距離よりも大きい。

　近代に入って日本本土との人的交流が進み，コミュニケーションが飛躍的に増大する事態に直面したとき，沖縄の人々は日本本土の話し言葉を習得することで，複雑な話し言葉の仕組みを単純化できることに気づいた。たとえば辺境地の人々は，日本本土語の会話を身につけることによって，はじめて王府の首都であった首里の上流階級の人々と対等に話ができるという，前近代的差別の解消という切実な要望を動機としてもっていた。それゆえ，日本本土語の会話教育は，首里や那覇などの都市部からではなく，離島や山原^{やんばる}地方から過熱化していった。沖縄の言語社会の構造そのもののなかにも，日本本土語教育が過熱化していく要因が内在していたといえる。それは，上からの国策的動機に加えて，民衆レベルでの実利的動機や差別克服の願いなど，いくつかの原因が複合的に絡み合って高まっていったスパイラル現象であった。農村の罰札の応用である「方言札」の習俗は，そのなかで生まれた。どう考えても適切な教具とはいえない「方言札」であるが，その出自を考えると，差別に苦しんできた沖縄の人々の思いを考えざるをえない。

　折口信夫や柳田国男が指摘したように，沖縄文化のなかには日本文化の古いかたちが残されている。たとえば琉球語のなかに，本土では消えた古い言葉が残されているように。そもそも琉球国の建国神話のなかに源為朝が現れる。琉球王国ができた背景には，本土の武士層が絡んでいるという学説がある。ただ，同時に華僑である閩人三十六姓が絡んでいるという説もある。どこまでいっても〈境界的〉な場所にはちがいない。

▶第5節　アメラジアンとAASO

　沖縄県は，太平洋戦争終了から1972年5月の沖縄返還まで米国の統治下に
おかれていた。そして今なお全国の米軍基地の74％（面積比）が集中しており，
この沖縄固有の歴史事情は多文化教育にも本土とは異質な要素を帯同させてい
る。在日外国人の国籍別割合を調べても，沖縄では米国籍が21.1％（2015年
度国勢調査，以下同）と突出しており，米国籍住民とのつながりの大きさがわ
かる。そして第2位の中国系が16.1％，フィリピン系11.9％と続いている。
しかし，これは沖縄県に在住する外国籍の人口が増加したためであり，米国籍
の住民が減少したわけではない。そして，この国勢調査の対象となった米国系
住民（2404人）以外に，4万5000人もの米軍関係者が存在している。

　沖縄には「アメラジアン」と称されるマイノリティが存在する。「アメラジ
アン」とは，第二次世界大戦後に軍に所属するアメリカ人男性とアジア人女性
との間に生まれた混血児をさすアメリカの作家パール・バックによる造語であ
るが，日本では沖縄でのみ一般的に使用されてきた。その背景には，前述した
沖縄特有の歴史事情が存在することはいうまでもない。現在でも，年間約300
人のアメラジアンの子どもたちが生まれている。「アメラジアン」とは人種や
国籍ではくくられないマイノリティであり，日本国籍をもつ者も多い。しかし，
「基地の落し子」である子どもたちが容姿を理由にさまざまな差別やいじめに
さらされてきただけではなく，日本人であるその母親も偏見と差別にさらされ
て地域社会から孤立を強いられてきた。これが本土のほかのマイノリティとの
大きなちがいである。

　沖縄出身ではないが，アメラジアンであるS.マーフィ重松は，アメラジア
ンには4つの基本的権利があると主張している。第一に差別されない権利，第
二に教育を受ける権利，第三に父親に養育費を求める権利，第四に父親を知る
権利である（S.マーフィ重松『アメラジアンの子供たち―知られざるマイノリティ
問題』集英社，2002：198）。このうち，養育費と父親の問題は日本政府が早急
に対応すべき課題である。米国はすでにドイツやフランスとは「養育費相互協

定」を結んで，父親が養育費を送って子どもの養育に責任をもつようになっている。日弁連も早急に二国間協定を結ぶべきだと主張しているが，今のままでは軍人である父親が一度姿をくらますと，軍事作戦上の秘密だといわれて居場所を確認できなくなることが多いからである。

重松が2番目の権利としてあげた「教育を受ける権利」だが，差別にさらされた子どもたちは，公立の小中学校からは退学を余儀なくされる場合が多く，子どもたちが安心して学べる環境が望まれていた。

アメラジアン・スクール（AmerAsian School in Okinawa；以下，AASO）は，1998年にアメラジアンの子どもをもつ5人の母親たちにより，宜野湾市伊佐にある「県立駐留軍従業員福祉センター」の会議室を校舎に，日本語・英語の双方を使用する「ダブル教育」の実践を目的として設置された（のちに宜野湾市大山に移転）。アメリカンスクールとは異なり，日本人の両親をもつ生徒が入学することはできない。

AASOは当初，フリースクールとして発足した。当初は高校進学の際などにここでの在籍が正式の「学籍」として認められないという学校としての限界があったが，1999年には宜野湾市によって民間教育施設として正式に認可された。その結果，公立の小・中学校に籍をおくことを条件にAASOで学んだ日数や単位数が認定されるというシステムができ上がり，現在では毎月の出席報告と毎学期の学習の記録とを市に提出している。しかし，市から公的な援助があるわけではなく，父母の授業料と単発の寄付や助成金などで人件費，維持費，教材費などを何とかやりくりしている。

この学校の最大の特徴は，2つの言語，文化のどちらか1つを選択させるのではなく，2つとも教える環境のなかで子どもたちを育てていくという教育理念，すなわち「ダブル教育」にある。ダブル教育は，2つの母語をもつ子どもたちのためにあり，二カ国語以上に通じることをねらいとするバイリンガル教育とは異なる（野呂浩，2004）。そこには，日本人でもなく，アメリカ人でもなく，両方に所属するアメラジアンというダブル・アイデンティティをめざしてほしいという両親の願いが込められている。異なる2つの言語，2つの文化を

身につけさせる AASO の教育は，画一性を強いる日本社会のなかではきわめて異色な一種の多文化教育であり，言語・文化などの異質性を受け入れて共存する基本姿勢を養う教育である。AASO は，小学生に対する学童保育や中学生に対する放課後の補修教育も行っており，そのユニークなあり方は学校教育のなかにとどまらず，社会教育や生涯学習の観点からも一石を投じる可能性を有している。

AASO の関係者たちは，アメラジアンに対して，「基地の落し子」「いじめ」「無国籍」などとネガティブな言葉が新聞記事に並ぶことをとても嫌がるという。母親たちは，アメラジアンの教育問題を短絡的に基地問題と結びつけることを忌避して，「加害者−被害者」という縦の構図ではなく，文化的存在同士という横の構図のなかに位置づけようとしている（比嘉康則，2008）。そこには，既存の社会構造を揺るがさないかたちで，諸文化の境界線を引きなおすという，「コスメティック・マルチカルチャリズム」への志向が存在しているといえる。

【井谷　泰彦】

※本章では適宜「沖縄」という呼称と「琉球」を使い分けているが，歴史的には，「琉球」といった場合は，沖縄県に鹿児島県奄美群島を含める。

［主要参考文献］
①外間守善『沖縄の言語史』法政大学出版局，1971 年
②谷川健一編『わが沖縄　方言論争』木耳社，1970 年
③野呂浩「『アメラジアン・スクール・イン・オキナワ』一考察」『東京工芸大学工学部紀要』Vol.27 No.2，東京工芸大学工学部，2004 年

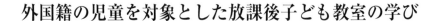

第 17 章

外国籍の児童を対象とした放課後子ども教室の学び

　本章では，社会の縮図でもある豊橋市の放課後子ども教室の一断面を通して，この国の生涯学習とそこにおける生きる力の構築がどのようにしてなされているのかを考察する。「外国籍の児童を対象とした放課後子ども教室」は，他に類を見ないニーズに真摯に対応した行政の事業への矜持と，一隅を照らす地域のスタッフの人たちの「白鳥蘆花に入る」かのような存在感は，社会教育の原点を想起させる。

　ここで取り上げた「ブリコラージュ（bricolage）」は，あり合わせの手段・道具を利用して，それらが本来もっていたはずの意図や文脈から離れてもなお，現状に間に合うようにやりくりすることを意味する考え方である。同時にこの言葉のもつ類縁性が，放課後子ども教室の特性を肯定的に理解するうえで重要な指標になる。この認識は，これまで実施してきた各市町村の「放課後子ども教室・学びの場」におけるフィールドワークの蓄積の結果から生まれている。

▶第 1 節　放課後子ども教室の立ち位置

　放課後子ども教室は，2007 年度から放課後の小学生の健全育成を目的として文部科学省所管の社会教育事業として始まった。主にそれまで「体験の場」と「交流の場」が設けられていた地域子ども教室に，そのとき初めて「学びの場」が加えられた。その理由は「家庭の経済力等にかかわらず，学ぶ意欲のある子どもたちに学習機会を提供する取組を充実する」ためとされた。つまり，「教育の機会均等」が大きなねらいだったのである。外国籍の児童を対象とした放課後子ども教室の意義もここにあるといえるだろう。国の補助を受け，放課後子ども教室を 2016 年度に実施した市町村数は，1076 市町村，実施率は

61.8％にまで拡大している。

　また事業を実施していくうえで，学校教育，社会教育，家庭教育が協働することから，生涯学習の側面からも着目される。生涯学習とは個別の学習機能ではなく，あらゆる学習を統合する概念ともいえる。つまり放課後子ども教室は，教育の機会均等と生涯学習の理念をどれだけ効果的に展開できるのか，その動向が注目されているのである

　生涯学習の時代といわれながらも実際は学校教育に重点がおかれ，社会教育との関連性もあまり考慮されない実情がある。このようななかで，放課後子ども教室の学びの場は，学校教育，社会教育，家庭教育が協働できる核となる貴重な機会でもある。いっぽう放課後子ども教室には，学校教育のような全国一律の学習指導要領とそれに準拠した教科書，系統だったカリキュラム，教員免許状のある教師が行う授業など，実質以前に外形によって信頼感が担保されるといった恵まれた構図にはない。放課後子ども教室は，実施の有無を含め各市町村が主体の事業となっており，実施している内容も一様ではない。また支援するスタッフも主に母親や退職者，NPO の人たちとさまざまである。それは，できるだけ多様な地域の人たちがスタッフとして支えること自体が，社会教育としての要請だからでもある。つぎに，直接の当事者である子どもたちの動きについてふれたい。

　小学校からの下校後，放課後子ども教室に参集した子どもたちは，通常，宿題や自ら持参した課題などの学習に自主的に取り組むことから始まる。スタッフに丸付けをしてもらったり，わからないところを聞いたりする。その後は，プログラムとして用意された体験活動をしたり自由に遊んだりして，残りの時間を過ごすことが多い。各時間の設定はさまざまである。体験活動や遊びは生かし方によっては，学びへの発展性を内包しているとの認識がある。子どもたちは基本的には事前に登録してあれば自由に参加できる。しかし，学校や塾のようないわゆる授業自体は行われない。ここは「教えの場」ではなく「学びの場」である。学びの場がプログラムとして設定されていることが放課後子ども教室の特質であり，「遊びや生活の場」である放課後児童クラブとのメルク

マールである。

放課後子ども教室の内容は教育であり実際上もときに同じ教材を使用しながら，管理上は学校教育から切り離されている。その結果，ここでの子どもたちは学校施設内で起こった事故でも，学校の管理下ではないとの理由から，管理下ならすべての在校生が対象となる日本スポーツ振興センターの災害共済給付制度の対象外である。

また，気をつけなくてはならないことは，放課後子ども教室は決して学校の下部組織でも付属の支援組織でもないということである。支援している対象はあくまでも直接的には子どもたちであり，その意味では学校と対等で，なおかつ主体的な存在なのである。

学校の授業風景と比較すると，子どもを支援するスタッフの人数が多い分，より丁寧に子どもたちに寄り添う光景と親和性が特筆される。そのため，取り組む学習内容にもよるが，ドリル形式で習熟を図るような学習活動や体験を伴う活動であるならば，担任が一人で行う学校での学び方より効果的な場合が多い。また見方を変えれば，あらかじめ決められたカリキュラムや指導案に沿って一斉授業を展開することより，その場の状況に応じて判断しながら個々の子どもに応じた支援をしていくことのほうが，本当は複雑で関係性を伴う教育活動に直面しているのではないだろうか。

▶第2節　ブリコラージュの意味するもの

ブリコラージュはレヴィ＝ストロースが『野生の思考』(1962) のなかで，未開社会の思考様式の特徴を示すために用いたことで知られる。それは，あり合わせの道具や材料で物をつくったり，もち合わせているものを駆使して現状を切り抜けたりすることを意味する。これは，概念に基づきあらかじめそのために用意された材料を用いて，同じ問題を誰が取り組んでも同じ結果を得ることを求めることを目的とする「エンジニアリング」の思考と対比される。ブリコラージュはそのとき，その場にある材料を用いて，それぞれの人の状況に

よって異なる答えが導き出されると考える。

（1）『野生の思考』とブリコラージュ

この著書のなかで，レヴィ＝ストロースが示しているブリコラージュに関して述べていることのいくつかは次のようなものである。最初から１つの計画で意図的に構成されたものではないということ，計画から外れてもそれで終わりではなく，多様なリユースの可能性が潜在化していること，変化は外部から別の新しいものが付け加わるのではなく，今ある素材のなかでの組み合わせによる効果であること。前には目的であったものが，常に次には手段の役に回されることである。では，もう少し具体的に文中から書き出すと次のようになる。

・ブリコラージュは器用仕事と呼ばれる仕事である。
・あり合わせの道具材料を用いて自分の手で物をつくる。
・器用人（ブリコルール）は多種多様な仕事をすることができる。
・使う資材の世界は閉じている。そのときそのとき限られた道具と材料の集合で何とかする。
・器用人の使うものの集合は，ある１つの計画によって定義されるものではない。
・「まだなにかの役に立つ」という原則によって集められ保存された要素でできている。
・器用人は記号を用いる。
・記号のほうはこの現実のなかに人間性がある厚みをもって入り込んでくることを容認し，さらにはそれを要求する。

「あり合わせ」などのキーワードは，一見すると教育的な活動にそぐわないイメージがあるが，対抗的なもう１つの教育思潮になるかもしれない。では，そもそも「あり合わせの手段・道具でやりくりすること」ということを意味するブリコラージュは，教育のどのような場面でみられるのか，以下にその例を取り上げる。

（2）図画工作の教材とブリコラージュの出会い

小学校図画工作造形遊びの教材に，「つないでどんどん／みんなとつないで」
がある。そこにおいて「初めから，表したいものを基にするのではなく，行為
や形，色そのものを楽しんだり，またそこから生まれてくるイメージから，表
したいものを思い付いたりする活動です」「児童がプロセスの中で自在に自分
の思いを広げていく活動になります」とのめあてが，指導書に記載されている。
実際にも本時の学習活動において，異なった形状をした各種の木片を机や床の
上に並べるという操作・行為を中心とした活動を展開する。友人と並べるなか
からちがいやおもしろさに気づき，自分の思いを確かめる。そのことによって
表したいものが生まれてくるとしている。

つまり，子どもが表したいものは，当初には意識として存在していなかった
ということである。意識よりも無意識によって動かされることに着眼点がある。
この発想の仕方を出版社の担当者に問い合わせると，ブリコラージュの概念を
認識しており，「確かにその意味合いがあります」との回答が寄せられた。そ
して「素材そのものに心を寄せること自体に，総合したり発想したりする要素
が内在しているのでしょう」との教示を与えてくれた。

この場合，「素材そのものに心を寄せる」というプロセスに学びの価値と発
展性を見いだしている。造形遊びにおける「素材そのもの」を他教科の教材選
択や「基礎・基本」に置き換えて類推してみると，学校教育の最重要課題でも
ある「基礎・基本の徹底」のもつ意味や扱い方がみえてくる。すなわち，教材
選択や「基礎・基本」の段階に十分な時間をかけ，多面的な視点から掘り下げ
ていき，内在する学びのインセンティブや発展性にふれることこそが，その後
の学習への自然な流れをつくり出していくのだろう。この段階が未成熟なまま，
計画どおりに次の段階である技能や知識などの習得に飛躍すると，子どもの内
発性は疎かなままであり，学習を進める過程でどこかに無理が生じる。放課後
子ども教室をはじめとした社会教育でも，感性と知性が融合された状態である
「素材そのものに心を寄せる」ことは，創造の可能性に満ちた瑞々しい人間性
の発露の始まりでもあり，共有できる課題である。

（3）授業展開にみるブリコラージュ

放課後子ども教室の学びの場の基調は，学校の復習つまり基本的にはリユースというブリコラージュである。組織的に新しい単元に入ったり，予習をしたりすることはない。ここでは既習事項の定着，学習習慣の形成が旨である。もちろん，そのようにして習熟を図ることは学校の授業につながり，知識の定着を容易にする可能性が高い。しかし，授業のたびごとに教科書を進め，新しい知識内容の習得に向かって努力している学校とは，知の獲得の仕方がさまざまな場面でちがっているようにもみえる。

ただし，授業は決して新しい知識を，無から生じさせているわけではない。一般的な展開の仕方として，まず導入において以前に学習したことやあるいは生活の事象を確認する。そこから関連づけて，新たな文脈となる本時の学習のめあてを示してから授業展開に入る。つまり，子どもたちは既習事項をブリコラージュして本時の知識を習得していくのである。そうだとすれば，ブリコラージュの要素は学校教育にも存在するといえる。その意味では放課後子ども教室と学校教育は，絶対的なちがいがないことになる。つぎに，豊橋市の放課後子ども教室の実践例について述べたい。

▶第3節　愛知県豊橋市における放課後子ども教室—母語をもたない子どもたち

（1）豊橋市の概要

東三河の中核市である豊橋市は外国人集住都市会議平成 27 年度会員都市データによると，総人口 37 万 7962 人，外国人人口 1 万 3597 人，外国人割合 3.6％，国籍別ではブラジル国籍が最も多く 6159 人となっている。2015 年度一般予算は 1216 億 8000 万円である。放課後子ども教室（2015 年度予算 1180 万円）は市長部局であるこども未来部こども家庭課が所管し，計 6 小学校区で開催している。

2012 年度における小中学校の全児童・生徒数 3 万 3502 人，外国人児童生徒数 1055 人，ブラジル国籍児童生徒数は 701 人であり，これは外国籍児童生徒

数全体の約 66％を占める（2011 年 4 月 1 日現在）。

　課業日の放課後に，参加希望した児童が宿題や自分の課題に取り組み，地域の人たちが当番日や役割を分担しながら支援している。参加費は無料で，保険料のみ自己負担である。当市の放課後児童クラブ（以下，児童クラブ）は，すでに公営児童クラブ 49 カ所，民営児童クラブ 35 カ所が設置されている（2017 年 4 月現在）。そのことにより待機児童は，ほぼ解消された状況にある。

　市では，2008 年に「豊橋市放課後子どもプラン」を作成した。放課後子ども教室の設置形態を，次の 3 分類に分けて構想した。

　①児童数が多く，児童クラブも肥大化し適性化が求められている大規模校区
　　（第一分類）

　②補助基準等の問題から児童クラブの設置が難しい小規模校区（第二分類）

　③学校や地域の実情およびニーズに即し開設を目指す校区（第三分類）

　実際には，つつじが丘校区で第一分類としての放課後こども教室を開校したが，結果的には閉鎖している。第二分類の児童クラブが設置されていない校区に該当する賀茂，下条，嵩山の 3 校区が選定された。児童クラブとの重複を避けることで，より効果的で均衡ある放課後対策を志向した。さらに第三分類として，すでに児童クラブが設置されている校区でも，「外国籍の子ども支援」の意図で，放課後子ども教室を「校区の状況に応じて実施」する方向性が示された。具体的には，ブラジル国籍の児童が多く住んでいる岩田，石巻，多米校区における地域の実態と必要性に対応することに視点がおかれた。

　市の放課後子ども教室は，学校の休業日を除く以下に示す曜日に，授業終了後に開催している。賀茂校区と下条校区（両校区とも 2009 年 4 月 20 日開設，月～金）では，自校区の市民館児童研修室において午後 6 時まで，嵩山校区（2008 年 4 月 16 日開設，月～金）は，午後 5 時 30 分まで，同様に自校区の市民館児童研修室で実施している。岩田校区（2008 年 5 月 19 日開設，月～金）は，午後 5 時 30 分まで岩田小学校内で行われている。石巻校区（2011 年 4 月 26 日開設，木曜を除く月～金）では，午後 4 時まで石巻小学校国際教室で開催されている。多米校区（平成 2012 年 5 月 7 日開設，木曜日を除く月から金）でも，午

後4時まで自校区の市民館児童研修室で行っている。なお開設日は原則，学校給食のある日に設定され，学校行事等により閉設することもある。

上記6校区の放課後子ども教室では，特別に支援を要する児童も含めてさまざまな参加者を受け入れている。そのための研修や人員配置もなされてきている。登録人数，参加人数は各校区で異なるが，岩田，石巻，多米校区の「外国籍児童」を対象とした教室には，各15名程度の登録者がある。スタッフの人数に特に定めはない。参加者数に応じてコーディネーターが中心となって必要な人数でシフトを組んでいる。実情としては手のかかる子にはどうしてもマンツーマンで付かざるをえないため，その分スタッフの負担となっている。

（2）外国籍の児童を対象とした放課後子ども教室の特徴：多米校区の例

外国籍の児童の保護者は，隣接する湖西市の企業に勤め，多くの家族は校区の市営柳原団地に住む。同団地にはブラジル人が多い。理由として，知り合いを呼び寄せる傾向や民間より入居条件が緩やかなためといわれる。放課後子ども教室の会場となる市民館児童研修室のある建物は多米小学校に隣接し，ここに来るブラジル籍の子どもたちは下校後，直接来館する。普段の下校時刻は学年ごとに異なる。

多米放課後子ども教室は登録児童15人，学習アドバイザーやコーディネーターなどの登録スタッフ11人の構成であるが，そのなかから必要な人数が割り振られる。参観当日（2015年9月8日）の参加状況は，スタッフ4人に対して，前半に1年生4人（欠席2人），2年生2人。後半に3年生3人（欠席3人），5年生1人であった。4，6年生は登録者がいない。参加費は無料だが，保護者の迎えが参加条件となっている。

放課後子ども教室の具体的な内容は，地域の人による小学生の宿題の支援を通した言語教育であり，豊かなコミュニケーションの場になっている。課題として出されたプリント類の問題内容によっては質問自体が理解困難，つまり日本語の意味や何を求められているのかが，十分には読解できないのである。スタッフはコーディネーターを中心として母親仲間が中心となっており，一人ひ

とりに寄り添いながら対応する。問題が意図していることを，親しみやすい言葉かけと言い回しで丁寧に説明する。説明を受けることによって子どもは不安を和らげる。スタッフにはボランティアとしての規定の謝金が，時間単位で支給される。雇用ではないため賃金などは出ない。事業の必要性に比べて立場は不安定である。そのため，市の担当者は「いつ辞められても止める手立てはない」と述べている。

　観察してみると，彼らブラジル籍の子どもたちは，スタッフや友だちに対して，日本語と母語とされるポルトガル語とを瞬時に切り替えながら，場に即してきわめて流暢に話す。自然な会話で意思疎通に問題は見受けられない。しかし，生活のなかで具体的な状況や相手の反応を確認しながら行う発話と，具体的な状況から切り離され，さらには内的な思考を伴う学習言語とは質的に異なることに留意しなくてはならない。学習言語とは授業や学習場面で特別な意味合いで使用される言語をいう。学校での学習場面では，往々にして文法や表現，構造などにおいて日常生活にはなかったり，異なったりする言語使用がみられる。教科書で明らかなように，一般に高学年になるほどその度合いは増している。

　そのため，学習言語は学習活動の阻害要因になることがある。わずかな差異でも理解に関する本質的な部分で生じているならば当事者にとっては，想像以上の負担になる。このことは日本語を母語とする子どもでも，程度の差こそあれ同じことがいえるが，とりわけ外国籍の児童を対象とした放課後子ども教室で顕著に表出している。普段はあまり意識されないことかもしれないが，学習の際の言語表現には個々の理解に応じてわかりやすく敷延するなど，教える側からの適切な配慮が本来必要なのであろう。その意味では，一斉授業とか逆に自力解決などによる学習言語の克服は，自ずと限度がある。絶えず複数以上いるスタッフが子どもと率直に話し合える関係性を構築し，コミュケーションをふまえて個に応じた学習支援を進めているこの取り組み方には，担任制を取っている学校教育も取り入れるべきものがある。

　意外かもしれないが，スタッフに教職経験者やポルトガル語を話すことので

きる人はいない。それでも母親同士が相談しながら取り組んでいる。「相談しながら」ということが、さまざまな事態に対応する支援の拠り所となっているのである。また、次回担当するスタッフへの子どもの様子の引き継ぎは一旦コーディネーターが集約し、メール送信が行われている。そのため問題の共有や支援の一貫性が保たれている。これらのことが地域の母親によって主体的に運営されていることから、行政との信頼関係も深まっている。

　当該放課後子ども教室について、スタッフのほうから次のような課題が指摘された。

　　・参加している児童は「母語をもたない子ども」といわれる。文字の読み書きが不十分なために、どうしても日本語、ポルトガル語とも中途半端になりがちなためである。
　　・時折、宿題に対する義務感が希薄な子が目につく。
　　・教科内容の積残しが解消されないまま卒業時期を迎えてしまうことがある。
　　・急にブラジルに帰ってしまうときなどは、不安定さを感じる。

　それでも受講希望者は受け入れ、ここに集う子どもや親の思いに少しでも応えていきたいと願っている。教える側、教えられる側という関係よりニーズ、コミュニケーションの場になっている。

　豊橋市は地域の実態に即した公的な課題としてとらえ、外国籍の児童を対象とした放課後子ども教室を実施している。そこでは、親和性に育まれた交流が生み出されている。ある意味、公教育が補完しきれない社会の最も繊細で微妙な部分を、雇用関係もなく立場が保障されていない人たちが支えているともいえる。それでも事業が継続し関係性が保たれていることが、活動内容の確からしさを裏打ちしている。放課後子ども教室を必要としている外国籍の児童が享受する、「居場所」としての安心感は計り知れない。

（3）ブリコラージュと豊橋市放課後子ども教室

　外国籍の子どもたちが学習を進めていく過程で、日本での生活経験の脆弱さが指摘されている。蓄積された知識の構造を「スキーマ」という。人はそれま

でのスキーマを背景知識として持ち，ものごとの一連の動きを予測したり理解したりしている。1つの経験的知識が全面的な再編成につながりうる。逆に，外国籍の子どもたちはブラジル社会や家庭内での経験が拘束されたものであったり，文化的差異に影響されたりして十分にブリコラージュできず，スキーマを更新することが不十分なのである。その相互作用として背景知識に何らかの瑕疵が生じ，問題の読解につまずきやすくなる傾向がみられると推量される。

またここには，「この現実のなかに人間性がある厚みをもって入り込んでくることを容認し，さらにはそれを要求する」というブリコラージュの意味が端的に表出している。つまり，学びの場であるけれど，子どもたちは学習だけを求めて来ているのではない。おそらく学校では，これほど受け入れられ密接に大人と接する機会はないであろう。もし基底に，受容してもらえるという実感がなければ硬直化し参加自体を躊躇したかもしれない。さらに「ある1つの計画によって定義されるものではない」ことの証左に，1枚の宿題プリントも学校からすれば教科学習の一環であるが，外国籍の児童を対象とした放課後子ども教室では，このプリントを介して行う言語学習やコミュニケーションの意味合いのほうが強まる。

おそらく学校組織の教員像なら想定しがたいかもしれないが，これまで教えた経験もなく，子どもたちが話すポルトガル語を理解することができなくても，放課後子ども教室においては，スタッフは母親の資質の断片をブリコラージュしながら，ここを学びの場として何年もにわたり維持し，評価者でもある保護者に子どもを託されてきたのである。

このように当事者が素人であることを前提にして，あり合わせの手段でなおかつ自分自身で状況を切り拓くことをブリコラージュは志向する。むしろ素人であり，ほかに手段がなく，自分たち自身でやらざるをえないからこそ，心が通い合ったり困難な状況を切り抜けられたりすることがある。外国籍の児童を対象とした放課後子ども教室でも，自分で判断したりスタッフ同士で相談したりしながら，状況に応じた子どもたちへの対応がなされていく。外部から誰かが来てくれることはない。閉ざされた人材のなかでは，自分たちだけで何とか

しなくては，問題は何も解決しないことを自覚している。これからも放課後子ども教室は，外国籍の子どもたちが生き抜いていくうえで，かけがえのない拠り所となっていくことが思慮される。

　放課後子ども教室・学びの場においては，とりわけ教育の機会均等と生涯学習の理念が重要な課題である。現在はまだ学校教育，社会教育，家庭教育の三者間相互の働きかけは端緒に着いた段階である。しかし少なくとも，この事業を契機としてそれぞれの教育的機能が子ども自身の学力や人間形成に収束し，統合されていることは確かである。　　　　　　　　　　　　【西村　芳彦】

［主要参考文献］
　①レヴィ＝ストロース／大橋保夫訳『野生の思考』みすず書房，1989 年
　②中沢新一『100 分で名著―野生の思考』NHK 出版，2016 年
　③バトラー後藤裕子『学習言語とは何か―教科学習に必要な言語』三省堂，2011 年
　④日本児童美術研究会『図画工作 1・2 下 教師用指導書授業編』日本文教出版，2011 年
　⑤関口久雄『メディアのブリコラージュ：つくる・遊ぶ・考える』冬弓舎，2008 年

索　引

————あ行
アイヌ語　176-179
アイヌに対する差別　179, 180
アイヌ民族副読本　181-185
アメラジアン　197
ESL　48-50, 52, 54
移民　34
イリイチ, I.　172, 174
ウチナーヤマトグチ　188
AASO　198, 199
APSnet　40-42
エスニシティ　187, 190
FAPSA　159, 161
LINC　64, 65
欧州難民危機　88
オグレディー　75
オープンエデュケーション　163, 172

————か行
改革開放政策　140
外国人技能実習制度　33
開拓史観　184, 185
学習権　11, 12, 14
学習言語　208
学習権宣言　23
学習社会　6, 11
「学習社会カナダ2020」　59, 64, 66
『学習の時代（The Learning Age: A Renaissance for a New Britain)』　76
学区　46-48, 52
学校基本調査　24
カリフォルニア州　44, 47-49, 51-54
教育基本法　20, 22
教育制度
　——アメリカ合衆国　46
　——イギリス　70
　——オーストラリア　152
　——カナダ　58
　——韓国　120, 121
　——中国　131, 132, 139
　——ドイツ　86
　——フィンランド　110, 111, 114
　——ロシア　97
経済移民　57, 63, 65
継続教育　91

————さ行
言語権　6, 14-17
校外教育機関　101
国際理解教育　37, 38
高麗人　119, 124-127
高麗人マウル　123, 125-127

在留外国人数　31, 32
CMEC　59, 61-64, 66
ジェルピ, エットーレ　6, 9
識字サービス　52-54
『持続可能な発展のためのスキル（Skills for Sustainable Growth: Strategy Document)』　77
市民大学　92
社会教育主事　28
終身教育　129, 131, 136-138
出生地主義　89
準備教育　89
生涯学習　6, 10, 11
　——アメリカ合衆国　47
　——イギリス　73, 74
　——オーストラリア　150
　——カナダ　59
　——韓国　122
　——中国　（→終身教育）
　——ドイツ　90-93
　——フィンランド　107, 113
　——ロシア　94, 100
生涯学習社会　20, 22
生涯学習の振興のための施策の推進体制等の整備に関する法律（生涯学習振興法）　22
生涯教育　6, 8, 10
少数民族幹部養成試行方案　141
少数民族自治区　133, 135
職業教育（職業訓練）　59, 60, 63, 65, 66
職業資格制度　117
職業成人教育　113
『スキルズ・フォー・ライフ（Skills for Life)』　76, 79
『スキルズ・フォー・ライフ調査（Skills for Life Survey)』　77, 78
成人学校　49-52
成人教育および家族識字法　48

先住民族　175
専門学校オムニア　114, 115
専門職大学　115, 116
素質教育　131, 132, 137

————————た行
多文化家族・家庭　122
多文化家族支援法　122
多文化教育　121-123
多文化共生の推進に関する研究会　27
多文化主義政策　56, 57, 67
多文化・多民族（の）共生　6, 12-14, 94,
　129, 133, 135
多文化・多民族国家ロシア　94
多民族・多言語国家ロシア　95
探究の共同体　157, 158, 160
知識基盤社会　163, 164, 170
中央民族学院　142-143
中華人民共和国民族区域自治法　142, 148
中国人民政治協商会議共同綱領　141
哲学対話（学校での哲学）　156-161
ドイツ統一　85
図書館　52-54
豊橋市　205, 206, 209
トロウ, M.　169, 174

————————な行
ナショナル・カリキュラム（National Cur-
　riculum）　73, 74, 153
日本語指導が必要な児童生徒　35

————————は行
汎用型能力　153
PIAAC　61, 63
フィロゾソン　159-161

フィンランドの成人教育　109, 118
フィンランドの継続教育　108
普遍的学習行為　99
ブラジル　205-209
ブリコラージュ　200, 202-205, 209, 210
文化連邦主義　86
平生教育　121-123
方言札　192-196
母語をもたない子ども　209
補充教育機関　101-104

————————ま行
マーフィ重松, S.　197
民営高等教育機関　140
『モーサー報告書（A Fresh Start: Improv-
　ing Literacy and Numeracy）』　76

————————や行
優遇政策　148
ユネスコ　20, 23, 36, 37
ユネスコ協同学校　38-42
ユネスコスクール　40-42
予科班・民族班　145-147

————————ら行
ラングラン, ポール　6, 8, 9
『リーチ報告書（Leitch Review of Skills）』
　76
リップマン, M.　156, 157
リテラシー　59-61, 63, 66, 67
留学生30万人計画　163, 167, 173
琉球処分　191
レヴィ＝ストロース　202, 203
連邦国家教育スタンダード　99

［編著者］

岩﨑 正吾（いわさき しょうご）

熊本県生まれ。
広島大学大学院博士課程後期単位取得退学。
東京都立立川短期大学，東京都立短期大学，首都大学東京人文
科学研究科教授を経て，早稲田大学教育・総合科学学術院特任
教授（現職）。
著書として，①『科学的訓育論の基礎』（明治図書，藤井敏彦
共著），②『転換期ロシアにおける教育改革の研究』（近代文芸
社，単著），③『ロシアの教育過去と未来』（新読書社，編著），
④『変わるロシア教育』（東洋書店，関啓子共著），⑤『生涯学
習と多文化・多民族教育の研究』（学文社，編著）などがある。

多文化・多民族共生時代の世界の生涯学習

2018 年 1 月 30 日　第 1 版第 1 刷発行
2019 年 1 月 30 日　第 1 版第 2 刷発行

編著者　岩﨑 正吾

発行者　田 中 千 津 子　〒 153-0064　東京都目黒区下目黒 3-6-1
　　　　　　　　　　　　電話　03（3715）1501 代
発行所　株式　学 文 社　FAX　03（3715）2012
　　　　会社　　　　　　http://www.gakubunsha.com

© Shogo Iwasaki 2018　　　　　　　　　印刷　亜細亜印刷
乱丁・落丁の場合は本社でお取替します。
定価は売上カード，カバーに表示。

ISBN 978-4-7620-2757-4